EN BUSCA DE
TU ALMA GEMELA

YOHANA
GARCÍA

EN BUSCA DE
TU ALMA GEMELA
EL PASADO DE FRANCESCO

OCEANO

EN BUSCA DE TU ALMA GEMELA
El pasado de Francesco

© 2022, Yohana García. Reservados todos los derechos

Diseño de portada: Jorge Garnica
Imágenes de espiral, triángulo y mandala: Mica Bolaños
Fotografía de la autora: Blanca Charolet
Imágenes de interiores: Freepik.com

D. R. © 2022, Editorial Océano de México, S.A. de C.V.
Guillermo Barroso 17-5, Col. Industrial Las Armas
Tlalnepantla de Baz, 54080, Estado de México
info@oceano.com.mx

Primera edición: 2022

ISBN: 978-607-557-600-8

Impreso en México / Printed in Mexico

Índice

Dedicatoria

Dedicado a toda mi familia.
A los niños que quedaron huérfanos en esta pandemia.
A todos los que no pudieron despedirse de sus seres queridos.
A quienes perdieron un amor, y lo extrañan.
A quienes perdieron una mascota y se quedaron
con sus recuerdos.
A quienes extrañan lo irrecuperable.

Dedicado a los nuevos amores,
amistades y compañeros de trabajo,
al renacer que todos merecemos.

Todos mis libros están dedicados a ellos, sin embargo, hoy tengo más madurez que antes para darme cuenta de que a través de estos años en los que todos en la familia fuimos bendecidos por la magia de Francesco, al final también tuvimos que pagar un precio.

Siempre he creído que nadie llega a la tierra prometida sin haber cruzado antes el desierto. Algo así me ha pasado a mí, porque cuando escuché la voz de Francesco en mi interior, yo era una mujer inocente y no me preguntaba nada. Tan sólo fluía y me dedicaba a trabajar, sirviendo a los demás en mi consultorio. Sin embargo, nunca me había preguntado nada con relación al éxito o a la fama, como muchos escritores lo hacen al escribir un libro.

Yo me habría conformado con que una sola persona leyera a Francesco, y tal vez fantaseé un poco con la idea de que sería feliz al verlo exhibido en una librería. Pero lo que ocurrió con Francesco y conmigo superó hasta la imaginación del más grande escritor.

Nunca pensé que un libro podría arrancarme de cuajo de mi casa, y que en ese momento cambiaría la vida de mis hijos: Robert, de dieciséis años, y Christian, de seis, porque su madre se había convertido en una escritora que debía recorrer lugares en compañía de su Francesco. No fue fácil ni para ellos ni para mí.

Recuerdo muy bien que, después de haber escrito el primer libro, las librerías pedían que publicara otro. Pero yo me sentía bloqueada y al principio no sabía por qué, hasta que entendí que otro libro me sacaría totalmente de mi casa y de mis raíces. Y eso que temía fue lo que acabó sucediendo.

Con el paso del tiempo, tanto ellos como yo entendimos que Francesco era una misión, y una muy grande, así que ellos se resignaron a tener que ver a su madre por menos tiempo, a cambio del placer de ver cómo ayudaba a los demás a través de sus libros y sus consultas.

Si bien se trató de un destierro con amor y entrega, no dejó de ser algo difícil y pesado para mí. Mis hijos y mis padres estaban en Buenos Aires, mientras yo me encontraba en México, un país que siempre me ha dado lo mejor y que yo he amado desde el primer día que puse un pie en él.

Por todo esto, y de todo corazón, gracias a todos los amores míos, que han tenido la generosidad de soltarme, de dejarme ir para encontrar y compartir mi misión.

En realidad, uno nunca sabe para quién trabaja. Todos los factores se fueron acomodando para que yo siguiera el camino de Francesco, con la compañía de gente hermosa que me ha tocado en cada momento del recorrido.

También quiero agradecer a mis padres, no sólo por haberme dado la vida, sino por su enorme generosidad, porque, siendo hija única, se tuvieron que quedar solos en Argentina. Ahora me doy cuenta de cuánto amor sentían por mí cuando me decían: "Hija, ve con Francesco, no sientas culpa si algo llega a pasarnos, recuerda que siempre has hecho lo mejor por nosotros".

Este libro es especial para mí porque no hay duda de que el camino es largo y es como tiene que ser. Si habrá otros Francescos más adelante o no, lo dejo ahora en manos de Dios y del propio Francesco.

Y regreso a una frase que ya había dicho: nadie llega a la tierra prometida sin haber pasado por el desierto. Hace poco la leí y se me hizo tan real como para llevarla a todos los aspectos de nuestra vida. Más aún, cuando se trata de buscar a nuestra alma gemela.

Siento que escribir sobre almas gemelas es una gran responsabilidad. Francesco me ha dicho que un alma gemela no es suficiente para todas las vidas. Él nos cuenta en este libro su amor por Camila o Rosario porque es la historia que todos conocemos. Pero ella no fue su única alma gemela.

Los maestros del Cielo dicen que se otorga un alma gemela por siete vidas. Si se supone que tenemos alrededor de ciento cuarenta y cuatro vidas, sin duda nuestras almas gemelas son muchas: alrededor de veinte.

El alma es una unidad grande de frecuencia vibratoria y se puede dividir en millonésimas partes, así que una persona puede tener la energía de otras que, a su vez, son partes del alma gemela de alguna persona que conoces o has conocido. Por eso, puedes tener un amor que tenga sólo una parte de la totalidad de tu alma gemela y no todas sus características, aunque también podrías encontrarte con una parte oscura del alma gemela que te corresponde. O puedes encontrar a una persona que sea tu alma gemela y sea totalmente opuesta a ti, porque existe el alma oscura y ésta también puede ser tu gemela.

Lo importante es que a tu alma gemela, sea con su parte luminosa o con su parte oscura, la podrás reconocer con la mirada. Incluso podría suceder que te asustes cuando la reconozcas y que quieras alejarte sin dejar rastro, más allá de una gran huella en tu mente y en tu corazón.

Mi más grande agradecimiento a mis amigos, a mis lectores, a los alumnos de mi escuela Yohana García Center, porque gracias a ellos, puedo desarrollar mi misión.

Mensaje de la autora

Desde niña, sabía que sería escritora.
Que iba a escribir un libro a orillas de un río.

Francesco ha sido en mi vida un parteaguas que me ha permitido ayudar a las personas que estaban buscando su poder interior.

En 1998, vivía en un bosque, precisamente en Ingeniero Maschwitz, una localidad cercana a Tigre, lugar donde se ubica uno de los deltas más grandes del mundo.

Un día escuché una voz que me decía: "Yohana, tenemos que escribir un libro".

Yo nunca había escuchado una voz en mi interior que no fuera la mía, tal como ocurrió aquel día, así que me sorprendí.

Pero no me asusté, pues aquélla era una voz dulce y protectora.

No me pregunté nada de nada, tan sólo obedecí lo que me dijo en ese momento: "Ve al pueblo y compra un cuaderno. Hoy vamos a escribir mi historia".

Y regresé, exaltada, con mi cuaderno. Busqué un árbol frondoso en el bosque, llevé mis auriculares para escuchar a

Enya y a Vangelis, además de mi sahumerio preferido, Nag Champa y el mate, que era —y es— mi pipa de la paz.

Bajo el calor del verano, en un bosque, empecé a escuchar la voz que me decía que era Francesco.

Seguí escribiendo de jueves a domingo.

Yo entraba en un estado parecido a un trance y él prácticamente me dictaba todo lo que tenía que escribir.

En abril de ese mismo año, el libro estaba totalmente terminado.

De ese modo, descubrí que Francesco y yo recorreríamos juntos un largo camino para ayudar al prójimo.

Él me contó que el libro iba a buscar al lector, y no el lector al libro.

En este libro, que es la sexta entrega, yo no soy la misma. Tampoco Francesco, ni el mundo.

Ha pasado mucha agua bajo el río, hoy todos hemos evolucionado y crecido.

Sé que cada libro está dictado para llegar al corazón de quien necesita la ayuda precisa.

Yo sigo escribiendo en los bosques que Francesco me señala.

Amo a Francesco y sé que quienes lo han conocido a través de estas canalizaciones también lo aman.

El reencuentro

La vida es corta, perdonen rápido
y besen lento. A veces, la vida no es la fiesta
que esperabas, pero
en algún momento te tocará bailar de cualquier modo.
Tú eliges: bailas o te quedas sentado,
viendo pasar la alegría de los demás.

DESENCUENTRO
La casualidad de poder vernos se escapa,
somos diferentes cielos en un mismo mapa.
Échale sal al café, no está mal ir a probar,
tenemos la misma sed con distinto paladar.
Y tú aquí, y yo allá,
y yo aquí, y tú allá,
nuestra coordenada no es lo único que va girando,
si caminamos al revés,
nos estaremos encontrando.

CALLE TRECE

Camila llegó al Cielo animada y emocionada. Conocía el protocolo de entrada casi de memoria. Y también el recorrido por el túnel del Bosco, el que lleva a las almas hasta las puertas del Cielo.

Atravesarlo, le apasionaba.

Le divertían los colores del Bosco, junto a la fuerza centrífuga que hacía que los espíritus se movieran alrededor.

En el transcurso del recorrido por el túnel no era posible reconocer a ningún alma conocida, porque el paso por éste es rápido y ruidoso, algo parecido a cuando se enciende una lavadora.

Cuando entraba al Cielo, tenía la ilusión de que se trataba de un sueño, una especie de *déjà vu*, y que enseguida despertaría en la Tierra, porque extrañaba la vida. *Porque, en realidad, la vida es linda*, se decía cuando estaba en la Tierra.

Pero cuando estaba en la vida, le ocurría lo contrario: de repente, tenía recuerdos lejanos del Cielo y se llenaba de añoranza.

Apenas entró por el portal de san Pedro, se dijo: *No soy de aquí ni soy de allá*.

Se refería a que cuando estaba en la vida quería estar en el Cielo, pero cuando estaba en el Cielo, quería estar en la Tierra.

El arcángel Gabriel la recibió. Por supuesto, su alma brillaba de alegría.

—¿Y ahora qué te pasó? —le preguntó él.

—Nada —dijo Camila—, simplemente me morí.

—Por eso te pregunto, ¿de qué moriste?

—¿Eso es relevante para entrar en el Cielo?

—No, para nada —respondió el ángel—, era curiosidad. Te conozco desde hace tanto tiempo y me causa curiosidad saber cómo es el proceso de la muerte para los humanos. No debe ser fácil.

—No, es verdad —contestó Camila—. Es como nacer, muy difícil. Sin duda, siempre estamos atravesando algún puente o túnel.

—Del túnel vamos y del túnel regresamos —dijo el ángel, riéndose, y añadió—: Ésa es la cuestión: nacer o no nacer.

—Ya veo, vaya bienvenida filosófica me estás dando.

—Y yo qué puedo contarte. Como ángel, no tengo mucho que decir. Nunca he sido humano, no nací y no morí. Es un poco aburrido, pero en fin, no me quejo. Así que ahora dime, Camila, ya que te conozco como si te hubiera parido —exclamó, sonriendo—, ¿no vas a hacer la pregunta que haces cada vez que entras aquí?

—Sí, ya sé, sé a qué te refieres —dijo pícaramente Camila: ¿Y Francesco?, ¿dónde está?, ¿está él aquí?

—Sí, Camila, tu alma gemela de toda la vida, pasa más tiempo aquí que allá. Él ama al Cielo y las almas. ¿Quieres que lo busque? O prefieres encontrarlo casualmente, como si ni siquiera te acordaras de él, al estilo de las películas románticas de Hollywood.

Camila suspiró...

—Creo que necesito pensarlo —respondió finalmente.

—No puedes pensarlo. Es ahora o nunca.

—Entonces, mejor espero. Lo voy a encontrar, no importa cuánto me tarde —dijo ella.

—Mira, Camila, el Cielo es grande, mucho más que el planeta de donde vienes ahora.

—Lo sé —replicó Camila, pensativa.

—No, no lo sabes. Hay muchos lugares que antes eran secretos y ahora les han sido revelados a las almas. No pienses que será fácil encontrarlo.

Al escucharlo, Camila dudó sobre si, entonces, éste era el momento de pedirle que fuera a buscar a Francesco, así que se decidió:

—Creo que sí te voy a pedir que lo busques.

—¿Quieres que lo haga ahora?

—No, ahora no, ¡así no! ¡Déjame arreglarme un poco! ¿Dónde puede haber un espejo?

—Ay, Camila, sigues siendo la misma vanidosa de siempre.

—Sí, una siempre es lo que es, vaya a donde vaya.

El ángel se concentró para llamar a una diosa.

Y al instante en que lo hizo, se acercó Cleopatra —que en realidad no es una diosa sino la última reina de Egipto en una época pasada—, con un espejo en la mano.

Era hermosa: sus ojos, su ropa y, en particular, su perfume, todo en ella era embriagador.

Camila se alegró al verla. Después de saludarla y agradecerle el generoso gesto de traerle un espejo, le preguntó sobre su perfume:

—He escuchado que tienes poderes para enamorar a cualquiera que se acerque a ti, ¿eso es cierto?

—El perfume es una fórmula que inventé —respondió Cleopatra—, y créeme, es cierto. ¿Quieres un poco? —le ofreció la reina mientras sacaba una hermosa botella antigua.

—¡Síii! —contestó Camila.

Cleopatra le arregló el cabello y le puso perfume debajo de sus orejas, en el centro de su pecho y otro poco en sus muñecas.

—En estos lugares del cuerpo, jamás falla. Allí perdura mucho más —le explicó.

Camila le agradeció.

—¿Sabes que a muchas personas, cuando practican regresiones, les dicen que en otra vida fueron Cleopatra? —le preguntó enseguida.

—Claro que es posible —respondió Cleopatra—. Muchos no lo creen, pero si reciben ese mensaje, ellos son parte de mí. Las partículas subatómicas de mi espíritu se pueden dividir y muchos seres humanos pueden tomar mi energía... no es tan difícil.

A Camila le sorprendió su respuesta, a pesar de sentirse un poco incrédula.

—No sé por qué intuyo que estás buscando a un antiguo amor —dijo entonces Cleopatra, misteriosa.

—Tienes razón —aceptó Camila.

—¿No te gustaría dar un paseo primero, para relajarte? —la invitó Cleopatra.

—Me parece buena idea, ¿adónde crees qué podría ir?

—¡Puedes ir al Cielo de los Enamorados! —le propuso Cleopatra.

—No lo conozco. ¿Es nuevo? ¿Qué hay allí? ¿Gente contrariada? ¿mariposas? —preguntó Camila riendo.

—¡Sí! ¿Cómo lo sabes? —respondió Cleopatra. Los enamorados ven corazones en todos lados. Es un lugar hermoso, lleno de piedras preciosas, nubes y dulces con forma de corazón. Además, está Selene, la diosa de la Luna. Ella le coloca un poco de rubor a cada espíritu femenino que haya muerto enamorado, ¿quieres ir?

Camila miró al arcángel Gabriel, que ya estaba sacando un mapa para indicarle el camino, pero Cleopatra se ofreció a acompañarla, por lo que Camila le dijo que no haría falta el mapa.

—Déjame dártelo, Camila. Aunque te acompañen, en algún momento querrás regresar y, dado que el Cielo sufrió algunas modificaciones, será mejor que lo lleves contigo —insistió el arcángel Gabriel.

Camila tomó el mapa entre sus manos, le agradeció al ángel su preocupación y se fue flotando con Cleopatra. Mientras ésta le acomodaba las alas, ambas se alejaron saltando de nube en nube.

Conforme avanzaban, quedaron maravilladas de los colores y los olores a vainilla que flotaban por todo el Cielo.

Pero en cuanto Camila se adentró un poco más, recibió un golpe tan fuerte en la cabeza que la derribó y la hizo descender unos tres cielos más abajo.

Cleopatra, que en ese momento estaba distraída colocándose perfume, la perdió de vista y se asustó al voltear y no verla.

El arcángel Gabriel, que pudo visualizar lo que estaba pasando, fue volando para ayudarla y la llevó en brazos hasta el lugar donde se encontraban antes.

Cuando Camila reaccionó, había perdido parte de su memoria. Para cerciorarse de cuánto podía recordar, el arcángel le hizo varias preguntas sobre sus vidas pasadas, y pudo darse cuenta de que no recordaba casi nada.

Aunque ella sí sabía quién era Francesco, y que era su alma gemela, no tenía mucha idea de por qué estaba ahí, al lado del arcángel. No recordaba qué le había pasado.

A pesar de que el arcángel sí lo sabía bien, dudó en contarle qué era lo que había ocurrido con el golpe que había recibido.

Otro espíritu que había pasado por el cielo de los enamorados, le contó que el ángel Cupido estaba discutiendo con un enamorado y éste le había lanzado una piedra, con tan mala puntería que golpeó en la cabeza a Camila, y justo en el área de la memoria.

Gabriel consideró que ya era momento de llamar a Francesco, pero Camila le pidió que la dejara descansar un poco. Quería dormir en una nube rosa, que eran las más suaves. El ángel le sugirió que mejor se fuera a una de las nubes de los querubines, que eran las más mullidas, así que se despidieron y cada quien siguió su camino.

Mientras tanto, en otra parte del Cielo, Francesco se enteró de que Camila acababa de entrar en el Cielo y que había tenido un percance en el cielo de los enamorados. Quiso partir de inmediato para ver cómo se encontraba ella, pero al comentárselo a su ángel de la guarda, éste le sugirió que no lo hiciera. Tal vez Camila deseaba tener un reencuentro a su modo, le explicó.

Francesco, sabiendo que Camila era un espíritu libre y rebelde, decidió seguir el consejo del ángel y esperó unos días.

Así pasaron los días, o tal vez los años, porque en el Cielo algunas veces el tiempo pasa muy lento y otras muy rápido. Pero una fría mañana, Francesco despertó y añoró como nunca a Camila. A pesar de que en el Cielo no existe la impaciencia, sólo la contemplación, se sintió un poco desesperanzado al no poder verla aun cuando sabía que ella se encontraba en el Cielo. Él se convenció a sí mismo de que debía tener su mente en el presente y de que debía ser capaz de esperar sin desesperar. *Los tiempos de Dios son perfectos*, se dijo.

Sin embargo, al siguiente día le quedó claro que su único objetivo en ese momento era encontrar a Camila y aclarar las razones por las que, aun siendo almas gemelas, nunca habían podido estar juntos. Ni en la Tierra, ni en el Cielo.

En una mañana fresca y luminosa, Camila iba caminando por el Cielo, cuando de pronto, de la nada, se encontró con Francesco, quien estaba inflando unos globos de cumpleaños. Camila, quien había estado buscándolo por mucho tiempo, arrojó las flores que llevaba (cayeron sobre la cabeza de un espíritu que iba llegando) y corrió a su encuentro. Por su lado, cuando Francesco la vio acercándose, soltó los globos y dejó que se perdieran en el octavo cielo.

Fue un reencuentro mágico, los dos se abrazaron, se pusieron a llorar de felicidad y se prometieron amor eterno para todas sus vidas, así en la Tierra como en el Cielo.

La emoción de los dos era intensa y se pudo sentir por todo el Cielo.

Francesco hizo todo lo posible por vivir esos momentos y no pensar en nada más que en amarla durante todo el tiempo que fuera posible estar juntos: un minuto, horas o años.

Camila creía estar soñando. Le había parecido una eternidad el tiempo transcurrido sin su mirada franca y amorosa, y se aferró a Francesco en un abrazo interminable.

Esta vez, no fue necesario preguntarse nada, tal como habían hecho en otros tiempos: *¿Qué hiciste? ¿Qué te pasó? ¿Me extrañaste? ¿Por qué te fuiste?*

Esta vez, no hubo preguntas, sólo amor para darse, sentirse y respirarse.

YOHANA GARCÍA

Apegos

No maduramos con los años, sino con los daños.
Cada día es una nueva lección, se enfrenta o se queda
en la memoria de lo que no fue.
Elegir el camino de la libertad implica dejar de lado
los malos recuerdos y continuar el camino. Darles un poco
de olvido a aquellos recuerdos negativos es la mejor opción
de desapego que podemos hacer.

Así es el ciclo de la vida,
tanto en la Tierra como en el Cielo.
La verdadera sabiduría reside en saber
mantener el equilibrio entre el apego y el desapego,
porque el peor error ortográfico de la vida
es no saber poner punto final.

—¿Tú sabes, Francesco, dónde está tu cuerpo? ¿En cuál cementerio? ¿O si fuiste incinerado? A mí me gustaría visitar el lugar en el que me enterraron.

—La verdad, te voy a contar que en mi última vida, cuando fallecí, mis hijos y mi esposa decidieron no enterrarme y fui la primera generación a la que incineraron, aunque yo hubiera querido tener una lápida, porque me gusta pensar que de esa manera la persona permanece más tiempo en la memoria de sus seres queridos. Sin embargo, debes saber que las cremaciones nos liberan, aunque deben pasar no menos de veinticuatro horas después del fallecimiento para que se puedan realizar.

—Eso no lo sabía. ¿Por qué debe ser de ese modo?

—Escuché decir que la memoria de las personas, o sea, el ADN cuántico se pierde si los cuerpos son incinerados antes de ese periodo.

—¿ADN cuántico? Tampoco había escuchado hablar de eso —dijo Camila.

—Sí, es como un ADN que se toma de lo energético y no de la sangre. Digamos que es como cuando te mimetizas por vivir en un país: cuando te cambias de país y con el tiempo adquieres modismos, formas de caminar o de moverte de ese lugar que te está adoptando. Ese ADN no lo tienes en la sangre, sino en el alma.

—Déjame ver si entiendo, entonces. Cuando te creman antes de veinticuatro horas, lo que tus descendientes tendrían que haber aprendido de tus vivencias, ¿se pierde? —preguntó Camila.

—Algo así —contestó Francesco.

Él no quería engancharse en ese tema, porque pensaba que Camila no lo entendería, así que siguió con su relato sobre su muerte, como si no lo hubieran interrumpido.

—Y bueno, mi familia eligió la cremación. Ellos consideraron que era lo más práctico y, como dices, cuando estamos muertos y vamos al Cielo, ya no nos importa mucho qué sucede con nuestro cuerpo. Pero sabemos cómo son los apegos, así que mis hijos y mi esposa andaban pegados al jarrón de las cenizas.

"Recuerdo que mi esposa Elena las llevó a la casa. Mis hijos querían que yo estuviera en el mar, pero Elena recordó que nunca me había gustado el mar. Cuando íbamos, yo sólo me quedaba en la orilla porque no sabía nadar. Siempre fui muy miedoso. Y entonces, un día decidió llevar las cenizas a la iglesia, pero se debía pagar por mi estancia en ese lugar, y como mi familia había quedado en bancarrota, a mí me dolería más lo que iban a pagarle a la iglesia que la alegría que pudiera sentir por el hecho de que me honraran ahí.

—¡Siempre tan materialista! —dijo Camila, burlona.

—No es eso, y tú lo sabes. En verdad quedaron en la ruina por mi enfermedad, así que yo quería darles la fuerza para que salieran adelante, pero si se metían en más gastos innecesarios, no iba a poder ayudarlos, por más que estuviera al lado de Dios y de los ángeles milagrosos.

"Ya sabes que desde aquí podemos mandar bendiciones de ayuda, pero los milagros tardan un poco más.

—Entiendo perfectamente lo que estás diciendo, pero yo creo que ellos hicieron lo que pudieron.

—Sí, siempre se hace lo que se puede. Sin embargo, después de un tiempo en que ellos anduvieron paseando con mis cenizas y de estar pensando en cuál lugar sería más conveniente que fueran depositadas, una amiga de mi hijo les aconsejó que las tiraran porque, de acuerdo con el Feng Shui, tenerlas en casa trae mala suerte.

—¿Y qué es el Feng Shui?

—El Feng Shui es el estudio que se hace de la casa para que todo funcione con perfecta armonía, porque se supone que la casa es como un cuerpo y cada parte de ella es un órgano, y entonces el Feng Shui es como la acupuntura. Por ejemplo, el riñón y el hígado son la cocina.

Camila lo miró incrédula y le preguntó:

—¿Y tú cómo sabes todo eso, Francesco?

—Bueno, no olvides que en una de mis vidas estuve al lado de un Maestro espiritual muy grande en la India, al que miles de feligreses iban a ver, y con él aprendí todo lo que tiene que ver con la sanación.

"Pero además conocí más gente con esa luz divina, como la del Maestro, que me enseñaban cosas porque yo escuchaba siempre y preguntaba todo.

—De hecho, Francesco, creo que lo que pasó en realidad es que estuviste con un montón de locos —dijo Camila riendo.

—Mira, Camila, la espiritualidad y la locura están separadas por una línea muy finita, pero esa gente está más cuerda que todos los cuerdos. Y ahora, regresando al tema de tu visita al cementerio, quiero estar seguro de entenderte, así que dime: ¿quieres ir al cementerio para ver dónde te enterraron y desde ahí poder comprobar hacia qué lado está orientado tu ataúd? ¿Quieres sentarte en la lápida para poder entender qué es lo que tu familia quisiera que contemplaras después de muerta?

Al escuchar el tono dramático de Francesco, a Camila le dio un ataque de risa.

—En serio, no te rías —le reclamó ella.

—¿Crees que con ir al cementerio podrías entender los sentimientos de tu familia?

—Creo que sí —contestó Camila, aunque se sentía un poco confundida.

—¿Y para qué quieres saber ahora sobre sus sentimientos? ¿No basta con saber que te amaron? Además, eso ya quedó atrás.

—Es que tú no entiendes —exclamó ella, y comenzó a llorar.

De pronto, se sintió preocupada de que no pudiera detenerse, porque su congoja era tan grande que su manta celeste comenzó a humedecerse, y por más que secaba sus lágrimas con las plumas de sus alas, el llanto seguía y seguía.

Francesco le puso una mano en el hombro para darle seguridad, pero consideró que era bueno que se desahogara.

—¿Qué te pasa, Camila? ¿Por qué lloras así?

—Quisiera saber qué pasó cuando dejé esa vida y vine al Cielo, porque creo que hay una parte que me perdí —dijo Camila.

—¿Cómo que te perdiste una parte? Si nosotros no perdemos nada cuando venimos al Cielo —contestó Francesco. Además tú sabes bien que podemos aprender a estar en todas las partes al mismo tiempo.

—Es que yo sigo sin entender por qué no puedo ver lo que le pasó a mi familia después de mi muerte, casi no recuerdo nada de esa vida.

—Tal vez sea por la ley del olvido, aunque algunos sí podemos recordar todo, además tenemos energías múltiples: mientras yo estoy hablando contigo, hay partes mías que están viendo a todos mis seres queridos, como ocurre con los ángeles y los arcángeles.

"Si una persona está con el arcángel Miguel, alguien más en otra parte del planeta también puede estar con el mismo arcángel.

Yo también puedo estar en muchos lugares a la vez.

—No sabía eso —dijo Camila, sintiéndose más confundida—. ¿Cómo puedes hacerlo?

—Bueno, en realidad se piensa en algo que se quiere y aparece el recuerdo. Es así de fácil, no necesitas hacer nada especial. Puedes hacerlo desde que atraviesas el puente y entras por el Bosco.

—Eso sí lo recuerdo perfecto. Sé que llegué por el único lugar de entrada al Cielo, y estoy segura de que es la misma puerta de salida para ir al cementerio.

"Ahora quiero que me expliques eso de las energías múltiples, por favor —pidió Camila—. Puedo recordar algunas cosas y sé que nunca hemos hablado de este tema durante todas las veces que he venido al Cielo y me he encontrado contigo.

—Tienes razón, no habíamos hablado de esto, pero siempre han existido. También es posible que en otras ocasiones hayas llegado al Cielo con un poco más de recuerdos de tus seres queridos.

—Seguramente sí, porque de lo único que estoy segura es de que esta sensación de *déjà vu*, así, tan difusa, no la había tenido antes.

—No te preocupes, te lo explicaré de este modo:

"Cuando dejas a los tuyos al morir y luego regresas para visitarlos, en realidad nunca los has dejado, porque el tiempo de arriba y el de abajo son diferentes, aunque ahora parece que el de abajo transcurre tan rápidamente como el de arriba.

"Los jóvenes, por ejemplo, no pueden aguantar la espera, todo lo quieren resolver de inmediato. ¡Van tan de prisa como el tiempo aquí! Pero no es porque sean eficientes, sino porque son ansiosos. La ansiedad hace que las personas quieran llegar al futuro sin tener que esperar. Al final, el tiempo que les sobra lo utilizan en alguna otra cosa que les genera más ansiedad.

"Por ejemplo, yo estoy aquí, hablando contigo y no estoy pensando en este momento en los seres queridos que he dejado en la otra vida. Quizá tú no recuerdas nada porque estás enamorada —dijo Francesco, pícaramente.

—Yo, ¿enamorada? ¿De quién...? ¡No, Francesco! —contestó Camila—. Cómo crees que voy a estar enamorada, después de tantos siglos de no coincidir contigo.

Francesco puso cara de no entender el comentario, y le contestó que no parecía que fuera cierto lo que decía:

—Sé que te pusiste bonita para verme y que, al llegar aquí, el primer cielo que fuiste a conocer fue el de los enamorados.

—¿Y tú cómo lo sabes? ¿Ponerme bonita para ti? Qué va... ¿Eso es lo que piensa tu ego? —añadió Camila, algo risueña.

—Eso piensa mi alma y me encanta que siempre me busques cuando estamos aquí. Me encanta saber que te tengo, me hace feliz saber que existes en mi vida y te confesaré que, cada vez que te vas de aquí, yo siento una nostalgia tremenda. Y no he salido a buscarte para evitar generar más apegos que los que ya tenemos, pero me encanta saber que estás enamorada de mí.

—Enamorada, ¿yo? —replicó Camila, llevándose la mano a su cabeza—. Válgame Dios, qué ironía.

"Recuerdo que alguna vez pedí un divorcio espiritual, creo que fue en una vida anterior aquí en el Cielo, pero parece que no dio resultado. Te aclaro que yo no me enamoré, me enamoraron.

—¿Quién te enamoró?

—Mis antepasados hicieron que me enamorara de ti, mi ADN, mi Feng Shui, mis chakras.

Francesco tuvo un ataque de risa, la tomó en sus brazos, y se besaron y se acariciaron las mejillas, entre tiernas miradas.

—Bueno —volvió a hablar Francesco—, regresando al tema de estar en varias dimensiones a la vez, si no lo sabes es porque quizá no te lo enseñaron aquí.

—Así es, no recuerdo que me lo hayan enseñado. No sé cómo poder estar al mismo tiempo con cada una de mis hijas, con mis amigas y contigo.

—Entonces, veamos qué podemos hacer. Por ahora, es mejor que vayas al cementerio. Piensa ahí qué quieres hacer y después regresas y platicamos.

—No, no, mejor ya no voy. No deseo perder un segundo: quiero poder visitar a los seres queridos que amé y que tuve en la vida, y también quiero estar aquí contigo. No quiero perderme de nada. Quiero aprender a multiplicarme en diferentes tiempos y espacios, antes de visitar el cementerio —dijo Camila.

—Déjame ver si lo entiendo... —dijo Francesco— ahora tienes miedo de que mientras tú te vas a la Tierra, yo me busque otro espíritu para reemplazarte.

Camila sacudió la cabeza hacia un lado y otro, diciendo que no, angustiada, mientras Francesco reía, divertido.

El karma se vive a cada instante

Nada es permanente,
ni siquiera atravesar el puente de la vida misma.

DE VEZ EN CUANDO LA VIDA
De vez en cuando la vida
toma conmigo café
y está tan bonita que da gusto verla,
se suelta el pelo y me invita
a salir con ella a escena.
De vez en cuando la vida
se nos brinda en cueros
y nos regala un sueño tan escurridizo
que hay que andarlo de puntillas
por no romper el hechizo.

JOAN MANUEL SERRAT

Francesco se pasó la mañana ordenando su casa y en cuanto terminó salió corriendo para buscar a Camila. Llegó a su casa y tocó la campana.

Camila venía caminando y vio a Francesco desde lejos, así que apuró el paso para que él no estuviera esperando de más. Había ido a recorrer un jardín para recolectar algunas flores que estuvieran dispuestas a ir con ella.

Francesco no entendía por qué venía con un ramo de flores en la mano. Él tenía un jardín hermoso lleno de rosas y nunca había cortado ninguna.

Las flores en el Cielo no se cortan, pero algunas veces ellas mismas eligen morir para que otras puedan nacer, así que pedían a su cuidador terminar en un jarrón.

Entraron a su casa y Camila le contó que eran para regalárselas a una amiga, quien quería colocarlas al pie de una fotografía de su familia.

Francesco no entendía por qué un espíritu querría tener un jarrón de flores cerca de una fotografía de su anterior familia.

Camila le explicó que si bien esto era inusual, se podía hacer.

—A veces, los espíritus apegados pueden hacer este tipo de ofrendas.

—¿No crees que el hecho de que tu amiga esté apegada así a la vida significa que tiene poca conciencia? —preguntó Francesco.

—No soy quién para opinar, hace apenas un rato quería ir al cementerio para averiguar qué podría sentir estando en ese lugar —contestó Camila.

—Tienes razón, el Cielo es grande y hay espíritus con diferentes ideas y creencias que son totalmente aceptadas. Eso es respetar el libre albedrío.

—Sí, así es, Francesco. ¿Crees que estuvo mal traer las flores que me pidieron ser cortadas? —añadió Camila.

—Yo no sé qué está bien aquí, el Cielo es a veces más loco que la Tierra —dijo Francesco, alegre.

Camila respondió con una carcajada repleta de emociones positivas, por haberse reencontrado con el amor de su vida, nada más y nada menos que en la casa de Dios, el Cielo mismo.

Siguieron platicando y Francesco recordó de pronto lo que habían hablado el día anterior, así que le preguntó:

—Dime, Camila, ¿ya decidiste qué es lo que quieres hacer?

—Sí, lo que yo quiero hacer en este momento es que me ayudes a sintonizarme con esas diferentes dimensiones, para que pueda estar con los seres queridos de mi última vida. ¿Te parece mal?

—¡No, Camila! No me parece mal. De hecho, te quiero preguntar si no has visto aquí a nadie de otras vidas.

—No, en ninguna de las veces que he estado aquí me he encontrado con ningún ser querido, ni gente con la que haya compartido otras vidas, desde mi última estancia en la Tierra.

"Y cuando he bajado a visitarlos, no los puedo encontrar porque no recuerdo mucho de ellos, así que acabo regresando aquí sin saber para qué fui a visitarlos. A veces, suelo pensar que tal vez todos murieron y han renacido, aunque no lo creo porque estoy segura de que ha pasado poco tiempo desde mi partida.

—Camila, en verdad me preocupas. Claro que algunos deben haber reencarnado, otros seguirán en la Tierra y los que tú veas aquí serán los que han partido.

"Podría ser que algunos de los que están en la Tierra ya sean los tataranietos de tus seres queridos, recuerda que los tiempos son diferentes.

"Si te lo propones y te enfocas, los puedes ubicar desde

aquí, identificarlos y seguirlos, para ayudarlos. Tú sabes muy bien que puedes bajar y verlos en cualquier momento.

"Si hasta ahora no has podido hacerlo, como lo hacemos todos, es porque nunca estuviste sintonizada o sincronizada, no estoy seguro de cómo se dice acá en el Cielo.

Francesco contempló la cara asombrada de Camila por lo que él estaba diciendo, pero decidió no interrumpir, para que ella pudiera seguir reflexionando en las ideas que le llegaban.

—Lo que quiero decirte es que tú deberías saber cómo hacer esto de estar en diferentes dimensiones —aclaró Francesco.

—¡Eso es lo que quiero! —dijo Camila, saltando de emoción—. ¿Cuándo me enseñarán a hacerlo? ¿En qué momento me ayudarán a lograrlo?

—Camila, te voy a explicar: desde que pisas el Cielo se abre el portón del Bosco y te pasean en nubes celestes y rosas. Los ángeles y arcángeles te dan la bienvenida y los seres de luz se visten de alas doradas, todos los maestros y guías te reciben con luces, cantos y el sonido de cuencos y tambores.

"En ese momento, los espíritus que te dan la bienvenida te enseñan un hermoso ritual, que consiste en bailar con un ritmo que te invita a moverte haciendo círculos en el sentido de las agujas del reloj, como si fuera una danza africana.

"Con el ritmo de la música, bailas y empiezas a flotar, y cuando llegas a una altura significativa, con la vibración de los sonidos de los cuencos y los tambores te conviertes en un ser de diferentes dimensiones.

—¿Tal como lo hace la virgen de Fátima, que se aparece en varios lugares al mismo tiempo?

—Así es, por eso unas personas dicen que la han visto en un lugar y alguna otra la ve en otro sitio.

"Alguien podría decir que eso no es verdad, que no puede estar en todos los lugares al mismo tiempo, sin embargo, sí podemos estar en diferentes dimensiones. Tú sabes que el tiempo y el espacio aquí son relativos. En la Tierra no lo son, pero aquí sí.

"Si tú no pasaste por ese ritual, debe ser por alguna razón, porque en realidad ya has entrado y salido del Cielo varias veces, ¿verdad, Camila? Que yo recuerde, ya son muchas ocasiones en las que nos encontramos y nos desencontramos.

Camila rio.

—Si tú lo dices, mi querido Francesco, así debe ser —dijo—, pero de lo que sí estoy segura es de que en todas las veces que pasé por aquí, nunca me dijeron nada sobre este tema de sintonizarme.

—Entonces, tendríamos que averiguar por qué no pasaste por ese ritual, es algo muy importante para ti, porque te ayudará a ser un ángel para los seres que has amado en la vida.

Francesco siguió reflexionando, hasta que se le ocurrió una idea.

—¡Ya sé, Camila! Te voy a hacer una regresión.

Camila se emocionó y asintió con la cabeza.

—¿De quiénes te acuerdas cuando estabas en vida? —preguntó Francesco.

—Creo que sólo me acuerdo de ti, Francesco —contestó Camila, dubitativa.

"Estoy segura de que en mi última vida te conocí y recuerdo algunas cosas de ti, de mis hijas, de mis padres, de mi esposo, de mis amigos, de uno que otro maestro, de mi médico y de un abogado. Son como pantallazos, no puedo ver las historias que vivimos.

Francesco escuchaba atento y preguntó:

—Entonces, Camila, ¿no te acuerdas de ninguna otra vida?

—¡No! —exclamó Camila.

Francesco, con ceño de preocupación, le explicó a Camila que intentaría hacer una regresión y, entonces, comenzaron.

—Camila, ¿ves alguna nube? —le preguntó.

—Sí, ¿quieres que me suba?

—No, en ésa no, hay una detrás de la tormenta, vamos a esperar a que pase y elegiremos la que más nos guste.

De repente, Francesco gritó con admiración:

—¡Mira, Camila, qué lindo atardecer y qué nubes más hermosas! Ese aroma a jazmines que flota en el Cielo a esta hora... ¡no me digas que estar muerto no es un placer!

—¡Ay, Francesco, siempre tan irónico! Creo que no estamos muertos en realidad... estamos más vivos que nunca —dijo Camila, feliz.

—Estamos vivitos y coleando —dijo él riendo—. ¡Pero apúrate, Camila! Ahí está la nube a la que quiero que te subas.

Ella se subió a la nube, que estaba tan esponjosa que hubiera caído de no haber sido por Francesco, quien la tomó de la mano, la volvió a colocar en medio de la nube y se lanzó sobre ella para juguetear y hacerle cosquillas, mientras los dos reían.

De pronto, Francesco puso cara seria y dijo:

—Cami, tenemos que hacer la regresión, ¡compórtate!

—¡Compórtate tú, Francesco! —replicó Camila, risueña.

—Muy bien, entonces me voy a sentar con la espalda recta y tú te sentarás a mi lado. Los dos vamos a respirar profundo y tú vas a ir hacia tu memoria, mientras imaginas una cantidad inmensa de símbolos del infinito girando dentro de tu cabeza en la misma dirección que las agujas del reloj.

—Pero soy un espíritu, no tengo cabeza.

—Tienes un espíritu con cabeza, Camila —contestó Francesco riendo.

—Sí, tienes razón.

—Bueno, entonces imagina que tienes una cabeza y piensa en los números ocho, que van girando. Estos ochos representan el infinito, su color es dorado y plateado, y están dentro de ti como si fueran muchos ventiladores que forman una cadena entre sí. ¿Los puedes ver, Camila?

—Sí, ya los veo... y están empezando a llegar los recuerdos.

—Muy bien, respira, conviértete en una luz serena, amorosa, piensa, recuerda y siente...

—Sí, Francesco ¡qué emoción! Estoy abrazando a mis hijas, es una escena en mi casa, es navidad, son pequeñas, una tiene ocho años, la otra diez, las dos están vestidas casi iguales. Veo a mi esposo... está entrando a la casa con una pipa en la boca, apenas puede caminar porque los paquetes de los regalos no lo dejan pasar por la puerta. Veo la casa... está la chimenea encendida. Y mi madre, una mujer mayor, de pelo corto, delgadita, muy arreglada, muy fina, está llegando con dulces... ¡Qué bella escena!

—Camila, ¿puedes ver si esa escena es de la última vida que tuviste?

Camila permaneció atenta y con los ojos cerrados, frunciendo el ceño, y respondió después de un instante:

—Sí, por lo moderno de la ropa, me doy cuenta de que así es. Además, siento mi corazón lleno de amor. Y los reconozco, siento como si los tuviera aquí conmigo.

—Cami, ¡qué lindo lo que estás viviendo!

—¡Hermoso, hermoso! Pero ahora lo veo aún más hermoso, porque entonces estaba preocupada.

—¿Por qué estarías preocupada en un momento tan bonito?

—Recuerdo que mi madre tenía diabetes y me angustiaba que le subiera el azúcar si seguía comiendo dulces. Después, mi marido entró con las botas llenas de nieve y me ensució un tapete que acababa de comprar... el perro había entrado siguiéndolo y también había ensuciado.

—Camila, ¡cuántas cosas nos perdemos por centrarnos en tonterías, en pequeñeces! Si supiéramos que con el tiempo todo se arregla...

—Sí, ahora lo sé, Francesco.

—Así es, esos momentos tan nítidos, tan claros, tan amorosos, tan bonitos y plenos, ¿qué necesidad hay de ensuciarlos? Cuando estamos en la vida ensuciamos todo: los recuerdos, los momentos, la mente... la mente complica, embauca, miente, condiciona. Qué difícil es la vida, ¿verdad?

—Sí, Francesco, este lugar donde estamos es la verdadera vida. Aquella que una vez vivimos fue una vida complicada por nosotros mismos, mucho más que por las propias situaciones.

"También pienso que es difícil vivir cuando se es joven, porque yo creo que la experiencia no la ganas conforme vas creciendo, sino cuando ya has acumulado muchos años. Creo que cuando me volví adulta debo haber sido más inteligente.

"Por cierto, Francesco, ¿podrías llevarme al futuro?

—Sí, claro. Y también estoy seguro de que te has vuelto más sabia con el tiempo. Ahora déjame decirte que en mi última vida morí a los cincuenta y seis años, y no aprendí nada... ésa debe ser la razón por la que he asimilado tanto aquí en el Cielo.

—Tienes razón, Francesco, no sé cuánto evolucionaste en la Tierra, pero imagino que las veces que regresaste, debes haber mejorado esa vida en la que no pudiste hacerlo antes, con los conocimientos que has adquirido aquí en el Cielo.

Francesco asintió con la cabeza y le contestó:

—¿Sabes qué vamos a hacer, Camila? Vamos a ir un poco más hacia atrás de esos recuerdos, te voy a llevar a tu adolescencia, a tu niñez... te ayudaré a regresar con tu mente al vientre de tu madre. Tal vez así puedas llegar a una vida anterior, a otra y a otra, y podrías ver a todos los amores de tu vida, todos tus familiares, amigos, maestros. Quizás así podríamos saber si estás sintonizada o no.

Camila lo escuchaba con expresión un poco molesta, hasta que al final le dijo lo que estaba pensando:

—No, Francesco, yo no quiero saber de otras vidas, quiero ver lo que ocurrió en la última.

—No entiendo, ¿por qué te interesa ésta y no las otras?

—No estoy segura, es como si supiera que dejé algo sin terminar.

—Siempre dejamos situaciones inconclusas. Si nos dieran más meses para vivir, cuando sabemos que estamos por morir, nos pondríamos a construir algo nuevo. La vida es como el cuento de nunca acabar, nunca estamos completos, como para decir que ya logramos lo que queríamos.

—Salvo que nos iluminemos, como hacen los yoguis, pero no creo que esto sea algo que tú y yo pudiéramos haber logrado —dijo Camila, sonriendo.

—Nuestro grado de conciencia no podría haber alcanzado ese nivel... —contestó Francesco.

—¡Eso no lo sabes! Yo creo que si en el Cielo fuiste el Maestro del Amor, es porque algo bueno tienes; de no ser así, no hubieras podido con la misión de guiar a un grupo tan grande de espíritus.

—Puede que sí, pero puede que no. Lo más probable es que por ser tan terco cuando estaba en la Tierra, tuviera que ser aquí un gran maestro. Recuerda que siempre se es maestro de lo que a uno le falta, y enseñando es cómo se puede aprender mejor —dijo Francesco, sonriendo—. Ya, en serio, mi misión cuando fui el Maestro del Amor fue representar a Dios en cada acto de la vida y del Cielo, enseñar a los demás a amar su vida, donde sea que estuvieran, pero lo más importante es que yo aprendí a ser paciente y amoroso.

Camila se quedó pensando y dijo en voz baja:

—Puede ser... ¡aquí todo puede ser!

—Aquí y allá —contestó Francesco—, todo puede ser. La vida es totalmente incongruente y, a veces injusta.

—Sí, tienes razón, por eso no quiero que me lleves al momento en que morí, sino a ver a mis amores de la vida que acabo de traspasar. Quiero saber que hacen ellos ahora para poder acompañarlos y compartir sus días. Quiero ver cómo están viviendo, saber qué puedo hacer por ellos y aprender a no extrañarlos.

Francesco la interrumpió asombrado y exclamó:

—¿Cómo puedes extrañarlos si dices que no los recuerdas? No entiendo, explícame, por favor.

—Yo no recuerdo a ciencia cierta algunas cosas, pero sí sé muy bien quiénes fueron mis amores y extraño estar con ellos.

"No tengo tan claros los momentos específicos que haya pasado con ellos, pero sí, los sentimientos. Igualmente, eso no significa que no me sienta plena aquí, estoy muy bien y muy feliz.

"Entiendo que así es el ciclo de la vida, ésta es una vida doblemente hermosa, entiendo todo lo del Cielo y lo que acabamos de atravesar en la vida.

—Yo tengo ese sentimiento de añoranza, pero no desde el dolor y tampoco desde el apego, sino desde un sentimiento nuevo, que creo que estoy experimentando y no sé cómo explicar —aclaró Francesco—. Yo te extraño desde esa nostalgia, que es desde la alegría que trae el amor sin apegos.

"Recuerda que la nostalgia que experimentamos siendo humanos es cuando piensas: *¡Ay, no lo podré volver a tener!*

"Desde aquí, sé que todo lo puedo volver a tener, porque podemos volver a nacer y, como sabes, siempre lo hacemos en roles parecidos, en el mismo árbol genealógico. Yo no puedo ir a otra familia, a otro lugar, sabes que hay una ley o más bien herencia de la que no podemos escapar, que es la de pertenecer a un solo árbol genealógico, y por ese motivo no puedo ir a otro que no me corresponda. Por eso, al final siempre somos los mismos.

Camila lo escuchaba con atención.

Francesco sostenía entre sus dedos unas plumas pequeñas y blancas que habían caído en su nube y se maravilló de lo suaves y perfectas que eran, lo que lo llevó a recordar sus primeras alas y eso, a su vez, le trajo memorias de otras vidas en el Cielo que tenían que ver con lo que le estaba relatando a Camila.

—Sí, Camila, no hay duda de que siempre somos los mismos, a veces hasta podría ser aburrido. Creo que algunos espíritus han renacido y han llegado a reconocer a alguno de sus seres queridos de alguna vida pasada, o se han dado cuenta de que uno de sus hijos en otra vida había sido su hermano.

—A mí nunca me ha ocurrido eso. ¿Crees que sea fácil descubrirlo?

—Yo recuerdo que en una de las vidas fui Agustín, vivía en una aldea al sur de Italia, y sabía absolutamente todo sobre mis vidas pasadas y futuras. Podía comunicarme con el Cielo mucho mejor que con los seres que me rodeaban en vida.

—Sí, recuerdo que tu historia fue muy popular aquí en el Cielo. Y en otra ocasión en que estuve en este plano, entre los espíritus también se contaba que había ocurrido una falla y la ley que borraba todos tus recuerdos no había funcionado en ti... eso te hacía añorar el Cielo desde que tenías uso de razón y no te dejaba vivir en paz con los seres queridos que te rodeaban. No recuerdo muy bien cómo se llama esa ley, es una por la que todo el mundo pasa, la ley del no recuerdo, creo que se llama. ¿No es así?

—Nooo —exclamó Francesco, entre carcajadas—. Se llama Ley del Olvido, Camila.

—No te burles de mí, esa ley del olvido es por la que tú no pasaste cuando estuviste en la Tierra como Agustín, pero me imagino que debe haber sido mejor que no hubiera funcionado. Tal vez sea más llevadera la vida si sabes desde pequeño que la muerte es algo común para las personas. Tuviste que haber vivido al cien la visita por ese bendito planeta llamado Tierra.

—Pues aunque no lo creas, fue duro para mí. Veía y sentía tantas cosas bonitas y, además, entendía lo que otros llamaban coincidencias, pero no podía decir nada porque cuando lo llegaba a hacer, nadie me creía.

"Fui un niño loco, un adolescente loco, un marido loco. Cuando mi esposa me reclamaba, yo sabía que le había hecho daño en otra vida y por eso estaba tan enojada conmigo y le pedía perdón por todo. Ella siempre pensó que me reía de ella.

"No fue fácil para mí esa vida, tan es así que terminé solo. Fue cuando me fui a vivir a la India. Feliz, solo, pero feliz, estando en compañía de mi Maestro espiritual, quien era alguien muy grande. Él era el único que me entendía porque sabía por lo que había pasado, pero la verdad es que nunca encajé en la vida.

Camila, después de escucharlo atentamente, le dijo algo de lo que acababa de darse cuenta:

—Eso que dices de no encajar en la vida, yo no lo he experimentado como tú. Siento que mi vida siempre fue muy congruente, sin embargo, ahora que estoy empezando a recordar algunas cosas, siento que el solo hecho de intentar revivirlo a través de una regresión, está surgiendo efecto rápidamente en mi memoria. Creo que tu intención ya está haciendo lo suyo.

"Hace unos momentos tuve un *déjà vu* y me di cuenta de que podía recordar que en otra vida fui una mujer llamada Rosario, y que alguna vez te acompañé en tu primer viaje astral para visitar a tu familia en sueños, pero en la vida que ahora estoy intentando recordar con más detalle, fui médica y me llamaba Camila, como ahora, ¡qué bueno que por lo menos me acuerdo de mi nombre! —comentó Camila, riendo.

—Era una buena médica —continuó—, sabía cómo curar a los enfermos. Recuerdo a un paciente muy especial, se llamaba Damián, un chico que había enfermado de leucemia y había sanado por un gran milagro.

"Recuerdo que yo era la persona que quería ser, era congruente con lo que pensaba, sentía y actuaba, era una mujer empoderada que sabía lo que quería, que me equivocaba y luego tomaba una actitud correctiva, para enderezar lo que había que enderezar.

"Sin embargo, no estoy segura de haber encajado en la vida, yo pensaba que sí, pero tal vez no estaba haciendo lo que correspondía y eso significa que no encajaba; en cambio, tú, Francesco, por lo que me contaste sobre tu vida en la cual te llamabas Agustín, creo que tuviste una misión preciosa, cuando te eligieron para ser el apoyo principal de un gran gurú en la India.

"Dices que no encajabas, pero quizás estabas haciendo lo que te gustaba, o sea, el no encajar te llevó a estar con el mejor Maestro espiritual, a recorrer la India para conocer, aprender a sanar, evolucionar. O sea que no encajabas para encajar, ¡qué locura! Nunca se sabe bien para quién trabajas, cuál es la historia, cuál es el engranaje de cada uno, hacia dónde va tu camino...

—Ay, Camila, tienes toda la razón, ¡eres una mujer muy sabia! Hace un momento llegó un recuerdo de mi vida anterior en el Cielo, cuando me miraba en el espejo y contemplaba el reflejo de mis alas. Yo sentía que en aquella vida pasada me había costado soltar los amores y los rencores, y me di cuenta de que todo era tan efímero que no tiene sentido pelear con tantas fuerzas por lo que no nos pertenece.

En ese momento, pasó un ángel y les avisó que tendrían una reunión en el salón principal y que sería bueno que llegaran a tiempo.

—Apúrense, queridos míos, que la reunión no espera —dijo Yanino, el ángel amigo de Francesco desde otras vidas en el Cielo.

—¿Y de que se tratará la reunión? —preguntó Camila.

—Es para evaluar cuánto están ayudando los espíritus a los seres que dejaron en la Tierra.

—¡Qué bonito! —respondió Camila tiernamente—. ¿Ayudar? Yo ni siquiera sé cómo funciona eso.

—Ah, ¿no? —la cuestionó Francesco con asombro—. ¿Nunca has ayudado a tus seres queridos desde que llegaste aquí?

—No, ni siquiera sabía que debía hacerlo. Sin embargo, se llena mi corazón de alegría al saber que eso puede ser una misión.

—Vamos, entonces, no nos demoremos más, que en verdad quien no vive...

—Quien no vive para servir no sirve para vivir —Camila terminó la frase de Francesco.

¿Se puede ser feliz correctamente?

Receta para ser feliz:
Deberían curarse del miedo al qué dirán.
De querer ser lo que los otros quieren que sean.
En la vida, no se puede todo.
Y, aun así, todo es perfecto.
Salvo cuando se vive pensando en hacer feliz al otro.
El otro es feliz cuando en su interior se siente así.
Y tú eres feliz cuando das lo mejor de ti,
cuando en esa totalidad, ofreces lo mejor de ti,
y entonces sientes bienestar al darte amor y servir al otro.

SÓLO SE TRATA DE VIVIR
Creo que nadie puede dar una respuesta,
ni decir qué puerta hay que tocar.
Creo que a pesar de tanta melancolía,
tanta pena y tanta herida,
sólo se trata de vivir.

LITTO NEBBIA

—Sostente, Camila, ahí viene una fuerte ráfaga de viento
—dijo Francesco, de pronto.

—No, no es una ráfaga... es un huracán o un tornado, bueno, no sé cuál es la diferencia... pero, ¿qué vamos a hacer ahora? —exclamó Camila.

—No, no, Camila, aférrate a mi ala y yo te sostengo, soy un espíritu más grande y más pesado que tú, y puedo evitar que el viento te lleve.

—Y si me llevara, ¿adónde crees que llegaría?

—No lo sé, pero seguramente adonde sea que fueras, regresarías. Además, ya está pasando, no fue tan dramático como creías.

—Y ahora dime, Francesco, ¿por qué estamos teniendo tantos cambios climáticos aquí, en este lugar sagrado, como es el Cielo?

—¿Sabes qué creo, Camila? Que el Cielo está sobrepoblado, me he dado cuenta de que hay más espíritus que antes.

Camila se quedó en silencio unos instantes y luego dijo, pensativa y preocupada:

—Pero si fuera así, podríamos decir que más gente está muriendo en estos tiempos. Me pregunto si será por alguna pandemia... o por terremotos y maremotos. O tal vez podría ser que ya no están renaciendo tantos espíritus como antes.

—Tienes razón, Camila, hace varias generaciones que los adolescentes han estado diciendo en la Tierra que no quisieran tener hijos. Creo que en el Cielo tenemos grandes masas de seres que están queriendo nacer y no pueden porque nadie los invoca para habitar un vientre.

—Es cierto, he notado eso hace ya tiempo, además ¿sabes cuál cielo está casi vacío? El de los animales, el cielo de las mascotas —dijo Camila pensativa.

—¿Por qué será? —preguntó Francesco.

—Porque las nuevas generaciones no quieren tener hijos, pero sí quieren tener mascotas y las cuidan mucho.

"Recuerda aquella época de la pandemia más terrible que ha sufrido la humanidad, cuando veíamos tantos espíritus entrando al Cielo... ¿te acuerdas de cuánta gente adoptó una mascota para llenar su soledad? De esa forma, con el transcurrir del tiempo, se fue llenando el Cielo de espíritus y el de las mascotas disminuyó enormemente.

"Todos los seres que habitamos el Cielo nos quedamos asombrados de ver lo que ocurría en la Tierra y nos preguntábamos: ¿por qué sí animales y no hijos?

"Tal vez las anteriores generaciones hicieron todo mal.

—No creo que todo se haya hecho mal, ni creo en los absolutos, quizás están sanando algo... puede ser el planeta, o los abortos que ocurrieron en generaciones pasadas.

—¿Tú crees que alguien que aborta comete un pecado? ¿Crees que haya un lugar para esos pecadores? ¿Crees que una madre que aborta tenga algo que reparar aquí? —preguntó Camila.

—No —se apresuró a responder Francesco—, ¡claro que no!

"Recuerda: hay espíritus que llegan a la vida sólo por unos minutos, horas, días o meses. Únicamente bajan a completar el tiempo que les había faltado completar en otras vidas.

—¿Y por qué sólo tenían ese tiempo por completar? —preguntó Camila con curiosidad.

—Porque puede ser que en otra vida se hayan suicidado y, partieron antes de tiempo.

—Entonces, ¿los abortos siempre son suicidios de otras vidas?

—Recuerdo haber escuchado a un maestro decir eso aquí en el Cielo, hace ya tiempo.

—¿No se debería sentir culpa?

—Yo pienso que la culpa muchas veces es un castigo. Si bien algunas veces sirve para reparar un error, no siempre es necesaria.

"Las mujeres casi siempre se culpan a sí mismas por los abortos inducidos.

—¿Crees que ellas sean vistas aquí como pecadoras y que haya un lugar donde sean castigadas?

—En respuesta a tu pregunta sobre si hay un lugar para los pecadores, te puedo decir que yo he recorrido todo el Cielo, conozco cada rincón y nunca he encontrado un purgatorio, ni vi un alma en pena en ninguno de los cielos y bosques que he conocido aquí. Todo lo que he visto es paz y es amor.

Camila escuchaba con atención a Francesco, y en ese momento lo interrumpió para decirle:

—Pero, cuando las mujeres abortan sienten una gran culpa durante toda su vida... sobre todo cuando el aborto es provocado, como lo dijiste.

"Incluso, las madres unen la pérdida del futuro niño a la culpa de no haber sido una buena madre como para retenerlo en el vientre, aun cuando se haya tratado de un aborto espontáneo.

—Entiendo perfectamente eso que dices, aunque nunca lo haya sentido porque nunca nací en forma de mujer, por lo menos desde que tengo memoria, Sin embargo, con respecto a este tema, todos los seres que fueron abortados tenían como misión no tomar esa vida, y no sé si habrá alguna explicación aparte de la que te hado. Pero aquí nadie está arrepentido o siente dolor por no haber llegado a término, a su nacimiento.

"Aquí, cada espíritu sabe qué le toca y nadie se desespera. Si algo sabemos los espíritus es esperar.

"Esos espíritus que no pudieron nacer porque se suicidaron en otra vida, ¿pueden volver a nacer en alguna otra vida?

—Claro, todos nacemos cuando es nuestro momento.

—En ocasiones, suelen ser niños que nacen en la misma familia o son los futuros hermanos de alguien a quien han reemplazado. En realidad, esto de nacer en la misma familia es como un juego de rompecabezas. Si alguna de las piezas se perdiera, el rompecabezas nunca estará terminado.

"Todo lo que es de Dios tiene un principio y un fin.

—De acuerdo, pero creo que esos espíritus tendrían que pensarlo bien antes de elegir a la madre, ya que esa experiencia puede causarles un trauma para toda la vida —dijo Camila.

—Ellos no tienen opción, la elección se hace de acuerdo con lo que tienen que vivir y el karma de esa madre.

—¿Karma? ¿Crees que esas madres tienen que pagar por haber hecho un mal en otra vida? Si lo que alguien hizo mal en la vida se paga con creces, entonces el destino es como un usurero coludido con la línea del tiempo.

—No digas eso, Cami, tú no sabes todo sobre el destino.

—¿Y tú sí, Francesco? ¿Ya has visto al señor destino?

—Sí, yo conozco al Maestro del destino y a otros dioses, como el de la muerte y el tiempo.

—Pues ésos son un grupo de corruptos —dijo Camila, enojada.

Francesco lanzó una carcajada y la cuestionó:

—¿Corruptos?

—Sí, por culpa de estos mentirosos y embusteros, todos sufrimos en la vida. Sin duda, al bueno nunca le va bien en la vida. A una persona empática le va peor que a un egocéntrico.

—¡No pienses eso, Camila! Jamás le podría ir mal a un empático, salvo que no lo pueda ser consigo mismo.

Mientras ambos estaban entretenidos con la plática, de pronto Francesco le gritó a Camila:

—¡Baja la cabeza porque viene otro viento fuerte y nos puede derribar!

Camila también alzó la voz, pero esta vez fue para gritar su amor a Francesco:

—¡Que nos derribe! Ahora que nos volvimos a encontrar, nos tenemos que quedar juntos, tomados de la mano o de nuestra ala, pasearemos por el Cielo, pasearemos por las nubes y si nos concentramos, podemos ir por debajo del viento, para poder llegar al hermoso atardecer que está en aquel lugar. ¿Lo ves?

—Oh, sí, vamos. Déjame ver si puedo concentrarme, hace mucho que no hago esto de desplazar las nubes rápidamente, de un lado a otro.

Entonces, ambos se concentraron y se envolvieron en una energía fuerte y amorosa, que los podía llevar adonde quisieran, pero siempre juntos.

Al final, llegaron a un atardecer anaranjado y rosa, que parecía bordeado de pinceladas amarillas, y ese paisaje era muy acorde al sentimiento de romance que ambos necesitaban vivir.

Cuando lograron recuperar el equilibrio, después del viento fuerte, en plena calma, se contemplaron el uno a la otra, enamorados, mientras sus ojos centelleaban de dicha y sentían mariposas revoloteando en una panza que no tenían, pero que sí sabían cómo se sentía porque la habían tenido alguna vez.

Y, con esa memoria de otras vidas, se reconocieron como almas gemelas, se sonrieron, se abrazaron, se besaron, se tocaron las mejillas, al tiempo que se preguntaban en voz baja: *¿Cuánto tiempo sin coincidir? ¿Cuánto tiempo sin verte? ¿Cuánto tiempo sin esa sonrisa, sin ese brillo? ¿Cuántas vidas me perdí al no tenerte, mi querida alma gemela?*

Camila se sonrojó como la primera vez que había visto a Francesco, en aquella vida, que, a pesar de haber transcurrido tanto tiempo y tantas vidas, y que no habían vuelto a coincidir, seguía recordando cómo había sentido ese flechazo al conocerlo.

Francesco le murmuró a Camila, mirándola a los ojos:

—Amo estos hermosos atardeceres contigo, jamás me imaginé que podría volver a encontrarte. Fueron tantos los momentos que deseé compartir contigo y que, por alguna u otra razón, nunca ocurrieron, que el poder estar contigo ahora es un sueño. Soy tan feliz de saber que esto será para siempre.

"No quisiera interrumpir este momento, pero quiero ayudarte, para que te sientas feliz y realizada, así que sugiero que sigamos con lo que estábamos haciendo.

Camila estaba tan emocionada que casi no podía hablar, hasta que logró acomodar con un suspiro su voz y le dijo con ternura a su amor:

—¿Puedes ayudarme a reconectar? Me encanta lo que me dices, pero a mí también me gustaría ver esos recuerdos de nosotros con tanta nitidez como tú puedes verlos.

—Vamos a sentarnos en la nube otra vez, con la espalda y las alas extendidas, cierra los ojos, imagina los símbolos del infinito que son como ochos dorados dentro de tu cuerpo e intenta conectarte con esa vida pasada, la que tú quieras, y aparecerá lo que tenga que aparecer en el momento que a ti te haga correctamente feliz.

—¿Eso es posible, Francesco? ¿Se puede ser feliz correctamente?

—La verdad es que no sé si es posible, se me ocurrió decirte eso para propiciar la regresión. Quizá podríamos empezar por recordar los momentos buenos y no los malos. Concéntrate, no hablemos más, cierra los ojos, respira, respira con tu alma, respira con tu luz, respira con tu corazón, respira con tus recuerdos. Dime qué ves.

Francesco no hablaba, porque todo el Cielo estaba en silencio. Camila abrió los ojos de repente y exclamó:

—¡No sé, no sé qué fue lo que vi, pero no me gustó!

—Camila, creo que estás llena de recuerdos que no te están haciendo bien y me parece que eso hace que te desconectes.

—No, creo que hoy no puedo ver nada de mi otra vida.

—¿Quieres que sea yo quien lo haga? Aunque yo no necesito ver lo que ocurrió en otras vidas como tú.

—¿Por qué no, Francesco? ¿Por qué no vas a otra vida en la que hayas estado enamorado de mí? Por ejemplo, a ese primer momento en el que me viste, y me cuentas todo lo que sentiste por mí.

—Eso es trampa, Camila, si te cuento todos mis sentimientos, voy a desnudarme y ya no tendré ese *sex appeal* o aura de misterio que me rodea cuando no te digo todo lo que siento.

—¡No, Francesco, eso es de machos! ¿Cómo crees que te vas a guardar esos sentimientos? Ya te los guardaste en la vida. ¿Cuántas veces tendrías que haber ido a tocar la puerta de mi casa para decirme que me amabas y no lo hiciste?

—¿Yo tendría que haber hecho eso? —dijo Francesco, riéndose—. No me acuerdo.

—Entonces, yo debería hacerte una regresión a ti.

—No, Camila, yo quiero ayudarte a ti.

—¿Y por qué no me dejas jugar contigo?

—¡Yo no estoy jugando contigo! Pero está bien, tú ganas, dejaré que tú me hagas la regresión, tal como dices.

—Muy bien, Francesco, cierra los ojos, imagínate los ochos girando dentro de tu cabeza, como un ventilador, deja que vayan por todos tus chakras y respira con tu corazón, con tu alma, con tus sentimientos... ve adonde sea correctamente perfecto, aunque no seas correctamente feliz.

Francesco se quedó unos minutos en silencio, escuchó el canto de unos pájaros. De pronto, abrió los ojos, rodó una lágrima por su mejilla y dijo:

—Solamente puedo ver un momento en que estaba muriendo.

—Francesco, ¿por qué eres tan dramático? ¿No puedes ver otra cosa?

—Creo que tengo que trabajar con esos recuerdos, porque en esa vida estuve muy enfermo, internado en el hospital, tenía cincuenta y seis años, ya en estado terminal, y mi familia iba a verme.

"Recuerdo muy bien, que mi hija me veía con una tierna sonrisa y los ojos llenos de lágrimas. Yo sabía que estaba a punto de irme de aquel mundo, y con una mano quería sostenerla y agradecerle con la otra.

"Cuando sentí que caía el telón de mi vida, cuando estaba cerrando los ojos por última vez, pasaron todas las imágenes de los momentos importantes de mi vida, como si fuera una película. En ese momento, me pregunté: *¿Por qué no viajé más? ¿Por qué no dije más 'te amo'? ¿Por qué me enojé tanto y perdoné tan poco?*

"Luego, antes de mi último suspiro, llegó el arcángel Gabriel, me dio un golpe en la frente, un poco fuerte para mi gusto, y desprendió mi espíritu. Después, me llevó de la mano por un túnel lleno de colores y llegué aquí. Bueno, ya sabes la historia, no tengo que contarte a ti eso.

—Sí, por favor, Francesco, cuéntamelo porque yo no recuerdo esa parte.

—Sé que a todos los espíritus nos pasa lo mismo, que mientras vamos ascendiendo, miramos la escena y vamos dejando las emociones en el cuerpo y los sentimientos negativos, porque los buenos recuerdos hacia las personas que conocemos quedan intactos. Eso ocurre con el fin de que esa memoria nos ayude a reconocer quién es quién cuando regresemos a visitarlos. Recuerdo también algunas ocasiones en que regresé para acompañar a mi familia en su duelo.

—Si esto que me cuentas te causa dolor, ¿qué es lo que no has podido superar?

—Quizá la cara de tristeza de mi hija —contestó Francesco, un poco melancólico.

—Pero debes saber que las tristezas nos causan apego y el llanto también. Como ves, esa parte no la olvidé, pero es cierto porque estás apegado a ese momento, por la tristeza que sentiste. Lo que no entiendo, Francesco, es por qué te quedas pensando en eso ahora, cuando ya has visto a tu hija crecer y seguir adelante. La viste tener hijos, ahora eres abuelo, ya tendrías que haber olvidado ese momento.

—Tienes razón, Cami, no sé por qué vino a mi cabeza ese recuerdo, tal vez sea porque me gustaría ayudar a las personas que están pasando por una despedida, porque ese momento debería ser de celebración, porque llegar a la casa de Dios es todo un privilegio.

—Eso es cierto, pero ¿cómo explicarles a los humanos que tendrían que estar felices, si nadie ha regresado para contarlo? Además, el ser humano es tan descreído que, aunque tú bajaras en cuerpo y alma y le dijeras a tu familia que estás feliz, viviendo en el silencio del Cielo de Dios, que no lloren por ti, ellos no lo creerían.

"De hecho, si haces memoria, recordarás lo que les pasó a Jesús, a Buda, a los grandes maestros: por más que demostraban sus poderes para sanar, para transformar, los descreídos seguían negándolo todo.

—Entonces, ¿cómo podríamos lograr que todos los humanos sepan que estamos ahí con ellos, que ese leve viento que levantamos o ese aroma, ese frío, ese calor, es creado por nosotros los espíritus, que estamos haciendo un esfuerzo extraordinario para demostrarles que existimos?

"Por ejemplo, cuando logramos que una taza de café se mueva, después de haber pasado mucho tiempo pensando cómo mandarles una señal, muchos se sorprenden y lo interpretan como una señal, pero otros dudan.

—Esto de ser o no ser, de no saber si existe el más allá es bastante incongruente, porque los humanos se la pasaron creando y creyendo en dioses, levantando monumentos, iglesias, pirámides para tratar de llegar a ellos, al sol. Sin embargo, se olvidan de mirar el cielo, las estrellas, de hablar con los ángeles, de que existe un más allá. Y cuando aparece una señal de ese "más allá", ellos lo niegan.

—¿Recuerdas aquella época en que las niñas aspirantes a monjas llegaron luego a ser santas?

—Claro que las recuerdo, como Teresita de Jesús.

—Exactamente, ellas les decían a los obispos que vieron un ángel y éstos no les creían porque solían pensar: *¿Por qué ellas sí lo ven y nosotros, que somos más importantes, no hemos visto ningún ángel? Como eso es injusto, vamos a encerrarlas y a decir que están locas.* ¿Cuántas de ellas fueron quemadas, las mal llamadas brujas? quienes, por decir que veían un espíritu, se les tachaba de malignas.

"Con esto, quiero decir que la fe de los humanos es incongruente, porque el que ve está loco, el que no ve está cuerdo, y el que no ve quiere ver y cuando lo ve, lo niega. Yo no sé qué tendría que pasar, Cami, para que este mundo en que vivimos sea más congruente porque, si bien ellos creen estar viviendo una etapa espiritual, lo que en realidad está sucediendo es que se olvidan de mirar el cielo, ven mucho hacia la Tierra, ven mucho hacia lo material y se olvidan de que lo único importante de esta vida es lo que cargamos en el espíritu.

"Y ahora dime en qué te quedaste pensando, Camila, porque te noto reflexiva y hasta un poco ausente.

—Me quedé pensando en el recuerdo que vino a tu memoria durante la regresión. ¿Estás consciente de que esa escena te angustia? Insisto: ¿qué te duele?

—No, no me duele, creo que ahora es la preocupación la que me aqueja. Me gustaría que todos los seres que vayan a marcharse y se deban despedir, tuvieran un nivel de conciencia superior y que cuando se enteraran que la muerte está cerca, pudieran animarse a hacer una fiesta de despedida y dejarle bien claro a los seres que aman que este regreso a la casa de Dios es una verdadera liberación.

"Porque todos los espíritus que vivimos en el Cielo tenemos la misión de ayudar a los que se quedan, porque cada vez que lo hacemos subimos un nivel más de luz, porque en realidad aspiramos a estar iluminados para no regresar a la vida.

—Te entiendo perfectamente, porque sé que las cosas funcionan así en el Cielo, sin embargo, aquí también hay algo incongruente.

—¿Qué es lo incongruente?

—¿Por qué no queremos regresar? ¿Por qué trabajamos en este plano, haciendo buenas acciones para alcanzar esa iluminación, que nos llevará a quedarnos permanentemente? Nosotros solemos decir que la vida aquí es hermosa, que nos encanta, pero también estar en la Tierra nos motiva, cada vivencia en el plano que sea tiene lo suyo.

—Sí, Cami, sé que cada lugar tiene algo especial, sin embargo, estoy muy consciente de lo que has sentido cuando tuviste ese recuerdo de la Navidad. Además, por lo que me contaste, sé que estabas un poco molesta por ciertas actitudes de los otros, y que eso provocó que no le prestaras atención a lo significativo.

"Y me doy cuenta de que a mí también me ha pasado lo mismo, no en una sola vida, sino en ¡todas! Y yo sí recuerdo la mayoría de lo vivido en ellas.

—Así somos cuando estamos en la Tierra, le prestamos atención a las pequeñeces y no a lo grande e importante, así es como se nos va la vida. Se nos fuga el tiempo en tonterías, en cosas que no tienen sentido.

—Hasta que no aprendamos a vivir, vamos a querer alcanzar la iluminación, para no tener que regresar, porque si supiéramos vivir desearíamos regresar una y mil veces.

"El secreto de la vida, es sólo darle importancia a lo importante y no a los detalles insignificantes, porque para no regresar hay dos caminos: iluminarse o morir de viejos.

—¿Por qué dices eso Francesco? ¿Los ancianos no reencarnan? No me gusta pensar en eso... ¿Sabes por qué? Porque desde siempre yo creía que mi abuelo y mi padre habían reencarnado en mis hijos, si me dices que no hay forma de que eso ocurra cuando abandonas el cuerpo siendo anciano, sería una gran desilusión.

—Bueno, Camila, tú sabes que ésa es una teoría yogui y aquí, en el Cielo, los maestros consideran esas teorías como reales, congruentes y vivibles. Por ejemplo, tu abuelo de cien años, el que tuviste en aquella vida, cuando llega a este plano se siente feliz, pues está cansado de haber pasado en la vida tantos años y quiere quedarse un tiempo más largo aquí. ¿No crees que se merece un buen descanso, unas vacaciones espirituales?

"Todos los seres humanos, después de tantos años vividos, han visto despedirse a toda su familia, incluyendo a algunos de sus descendientes y a todos sus mejores amigos. ¿No crees que es justo que aparezcan en nuestra familia después de que haya transcurrido un tiempo respetable?

—Pero entonces, ¿sí reencarnan?

—Sí, Camila, puede suceder, pero sólo después de haber pasado unos cuantos años aquí. Y recuerda que los tiempos del Cielo y de la Tierra son totalmente distintos.

Camila asintió mientras contemplaba a Francesco con admiración, por su bella sabiduría.

—¿Ves, Camila? Nunca estamos conformes con nada…

—Eso es cierto, Francesco, somos un desastre, menos mal que aquí nos vamos a portar bien.

—Lo dudo, porque cada vez que nos vemos tú y yo siempre terminamos discutiendo.

—¿Siempre? ¡Yo no, tú sí!

—No, tú.

—No, tú.

Llegó la noche, una llena de estrellas, mientras Camila y Francesco seguían riendo felices.

El dolor y el amor son las puntas de la vida

DESAHOGO
Pero resulta que yo
sin ti no sé lo que hacer.
A veces me desahogo,
me desespero porque
tú eres el grave problema
que yo no sé resolver
y acabo siempre en tus brazos
cuando me quieres tener...
Tú eres el grave problema
que yo no sé resolver.
BUDDY MCCLUSKEY/ERASMO CARLOS/
ROBERTO CARLOS

Las estrellas en el Cielo se ven enormes y brillantes. La luna se ve tan cerca que los espíritus podrían dar un salto y llegar a ella sin problemas.

Ellos podrían llegar al planeta que quisieran, podrían entrar a las casas más lujosas e incluso dormir al lado de los que en ellas habitan, sin necesidad de pagar nada. Pueden desplazarse como quieran, en aviones o sobre las nubes. Pueden viajar por la vida y disfrutar con quien se les antoje, estando en cualquier plano en que se encuentren.

Los espíritus pueden elegir todo lo que quieran en el Cielo, pero no es posible elegir estar en el Cielo o renacer. Eso está marcado de acuerdo con los tiempos que le tocan a cada ser. Y esos tiempos son designios de Dios.

Todos los días, los ángeles y arcángeles, exactamente a las 11:11, comparten su sabiduría mediante una reunión, a los espíritus que apenas están llegando al Cielo. Por esa razón algunas personas en la Tierra creen que a esa hora se abre un portal para hablar con los ángeles. Alguna reminiscencia en su alma les permite sentirlo, incluso en la vida y a pesar de que no lo entiendan por completo.

De pronto, mientras Camila y Francesco paseaban por el Cielo, escucharon hablar al arcángel Zadkiel, quien estaba dando un discurso a los recién llegados al Cielo. Después de darles la bienvenida, les dirigió estas palabras:

—El dolor es el dolor, no importa de dónde venga. El mundo es eso: un mar de disfrutes y dolores que pueden causar heridas profundas, algunas para toda la vida. Si hay algo injusto, es la vida misma. Claro, desde la mirada de los humanos. Cada espíritu en el Cielo tiene la misión de ayudar a los que van llegando, para que éstos, a su vez, manden la energía de ese conocimiento a sus seres queridos.

"Ustedes, que han venido sin tener una mayor idea de lo que les estaba ocurriendo.

"Ustedes, que murieron sin entender la muerte.

"Ustedes, que no pudieron ser despedidos por sus seres queridos.

"Ustedes, que antes de su partida no tuvieron manera de resolver sus miedos y desazón con los que amaban.

"Ustedes serán benditos en esta parte del Cielo.

"Permanecerán cerca de los querubines y tronos, y serán los que estarán todo el tiempo al lado de Dios y gozarán de los mayores beneficios de estar con él.

Después de escucharlo, los espíritus se miraron entre sí y sus almas explotaron de emoción, brillando e iluminando esa parte del Cielo.

Sin embargo, había algo que inquietaba a cada uno de los espíritus que se encontraba ahí escuchando, hasta que uno de ellos se animó y preguntó:

—¿Qué pasa con los que se quedan sufriendo porque no pudieron despedirse de nosotros, en el caso de los que fallecimos a causa de pandemias, accidentes, o guerras? Todos los que estamos aquí hemos muerto de diferentes modos y no creo que haya forma de decir que un humano esté preparado para entenderlo.

Cuando Francesco escuchó eso, recordó que él había sentido la misma desazón cuando llegó al Cielo por primera vez y sabía que su familia estaba muy triste porque lo extrañaban. Recordó la desesperación de su esposa Elena y de sus hijos.

Podía entender lo que decían los otros espíritus en esa reunión. Lo difícil que es entender o asimilar esa muerte que no se espera.

También llegó a su mente la primera vez que los fue a visitar y se le ocurrió una idea para darles una respuesta y dejarlos conformes.

—Escuchen, creo que el único modo de que ellos alcancen consuelo es que ustedes aprendan a comunicarse con ellos, que les digan que éste es el lugar al que pertenecen y que han vuelto a la casa del Padre y que es una belleza.

"Que ustedes se adelantaron a atravesar el río, pero que algún día ellos sabrán cómo hacerlo y que todos se re-encontrarán en su momento, pero que por ahora deben disfrutar al máximo este paseo en la Tierra.

"Es lo único que se me ocurre decirles, porque lo que pasó no lo podemos cambiar, ¿están de acuerdo?

Todos asintieron, conformes.

—Comunicarnos con nuestros seres queridos, desde la energía que somos no es fácil. Ustedes van a necesitar mucho tiempo de entrenamiento. Por ejemplo, cuesta tiempo aprender a mover algún objeto, desplazarse por el aire o generar un aroma, pero es posible. Llegar hasta ellos en sueños y dejarles mensajes también es difícil.

—Pero ¿por qué es difícil? —preguntó un espíritu.

—Porque somos energía, tanto los vivos como los que estamos aquí, con diferentes vibraciones y tiempo, pero créanme que sí se puede.

—Yo no estoy segura de poder hacerlo bien —dijo el espíritu de una madre que había perdido a sus hijos en una pandemia, antes de que ella misma falleciera.

—Mira, si no lo intentas nunca lo sabrás,

—Yo siempre quise soñar que estaba con mis hijos y nunca pude —dijo ella con tristeza.

—Seguramente tenías culpa en tu corazón y la culpa aleja todo lo que te puede hacer bien.

"Primero, las personas que se quedan en la vida tienen que desprenderse de la culpa de no haberlos podido salvar, quitarse del lugar que les hace daño. Ellos no tienen por qué sentir culpa: las cosas suceden, el destino, el futuro y el karma de una partida está escrito y nada ni nadie lo puede cambiar. No somos Dios. Dios da la vida y la pide de regreso.

—Pero ¿cómo podemos ayudar a eliminar esa culpa de nuestros seres queridos?

—No podemos hacer nada, mi querido espíritu amoroso, eso lo tienen que trabajar los humanos en la Tierra.

"Nosotros solamente podemos ocuparnos de aprender a hacerles llegar un buen mensaje a través de alguna experiencia sobrenatural, mientras bajamos a comunicarnos con ellos.

—Está bien, Francesco, tienes razón, así lo haré —dijo el espíritu de la mujer.

—Así lo haremos todos —añadió otro espíritu—. No somos Dios, a cada uno le toca trabajar en algo, a ellos en la culpa y a nosotros en las señales para que sepan que estamos felices aquí.

Todos los espíritus se quedaron felices después de escuchar las palabras de Francesco y éste les dijo que miraría su calendario y les diría los horarios en que los entrenaría en ese precioso espacio.

El arcángel Zadkiel continuó con su discurso de la siguiente manera:

—Ustedes deben tener esperanza de que todos los que habitamos aquí seremos capaces de darles la fuerza a nuestros seres queridos que se quedaron en la Tierra, para que sigan con su vida de la mejor forma posible.

"Sin importar dónde les toque estar, deben estar plenos y conscientes de que la base de la plenitud es el agradecimiento, una virtud y una actitud que los humanos también deberían aprender.

"Ustedes, queridos míos, son seres especiales que en la vida tuvieron que enfrentarse a los vaivenes de sus estados de ánimo, lo que los llevaba a actuar de forma instintiva, arrebatada, imperiosa y poco humana. Otras veces, de forma exagerada, benevolente, contemplativa o divertida.

"Para mí, es un placer verlos, analizarlos y admirarlos. Como yo nunca estuve en la Tierra en forma de humano, muchas veces no me resulta fácil entenderlos.

Metathron, el otro arcángel que estaba al lado de él, hizo con las manos un movimiento como diciendo: *¿Qué le vamos a hacer?*

Zadkiel alcanzó a verlo y añadió:

—Así es, querido colega, todos convivimos y tenemos diferentes formas de ver la vida, la muerte y el Cielo. Muchas veces, nuestro punto de vista también genera críticas y discusiones, pero de todo se aprende y se avanza. Los ángeles amamos a los seres humanos tal como son.

"Aunque muchas veces ellos no pueden vernos, desde la Tierra nos rezan y nos hacen peticiones. Nos quieren a su modo, pero tienen memoria a corto plazo y suelen olvidarnos. Cuando son niños, siempre nos recuerdan y pueden vernos, pero cuando llegan a adultos, pierden su pensamiento inocente, pierden toda la magia.

"Si los humanos nos preguntaran cómo tendrían que ser con nosotros, les diríamos que justo como son los niños: inocentes. Con eso, tampoco quiero decir que exageren, porque el cementerio está lleno de inocentes. De ninguna manera me refiero a esa inocencia en la Tierra que los hace tan vulnerables, pues creo que la inocencia de niño en un adulto podría ser peligrosa.

"En cambio, hablo de una inocencia saludable: me refiero a ese pensamiento mágico de querer las cosas tal como son, de amarlas porque son totalmente auténticas. A eso los ángeles le llamamos 'inocencia' porque transformarnos hasta llegar a esa autenticidad es la verdadera forma de vivir con libertad, sin prejuicios y sin falsos conceptos, ser tal como somos, ni más ni menos.

"A mí me encantaría que los humanos volvieran a creer y platicaran con nosotros, porque ustedes saben que no fuimos creados con el libre albedrío que ellos poseen, y aun así, no sé por qué nosotros somos fieles a ellos y ellos no a nosotros.

"Si supieran que quien nos reza a nosotros podría encontrar a su alma gemela más fácilmente, lo harían más a menudo.

"Por ejemplo, sé que Francesco y Camila son almas gemelas y que se han encontrado en muchas vidas —comentó cuando los vio acercarse.

—El ángel de Francesco es mi hermano gemelo, somos dos ángeles iguales: Dios crea a las almas gemelas y luego crea para ellas dos ángeles exactamente iguales. Sabemos todo de ellos, los unimos muchas veces en infinidad de vidas, y aun así, ellos siguen sin entender que deberían trabajar más en cada uno de sus reencuentros.

"Todo parece indicar que nunca se escucharon, ni se prestaron la atención debida, porque las veces que les hablamos al oído y les dimos señales para que se enteraran de que eran almas gemelas, nunca lo entendieron.

Mientras tanto, el otro arcángel, que escuchaba atento sin decir una palabra, se acomodaba las plumas de sus alas.

Al terminar de hablar, el arcángel bostezó.

—Me voy a dormir —dijo—. Cuando la luna está llena me siento más cansado que de costumbre. Aquí los espíritus salimos a caminar por los bosques, porque la luna invita a despertarse, así como despierta las mareas. Además, hay cantos de ángeles, una temperatura muy agradable, poca lluvia, muchas estrellas y mucho amor, algo a lo que cuesta acostumbrarse cuando se vivió en la Tierra con tantas dificultades, desilusiones y agobios... la mayoría de ellos, innecesarios.

Después de que los ángeles compartieran sus puntos de vista, la noche llegó y Camila se puso a reflexionar sobre esa parte de ser el alma gemela de Francesco, sin decirle nada a él, porque no estaba segura de sus pensamientos.

Al siguiente día, Camila salió a pasear por el Cielo, que ofrecía tanta diversidad en sus paisajes que era como un paseo en la Tierra.

Camila caminaba por el jardín de uno de los cielos y se encontró con una amiga, quien buscaba desesperada a su madre.

—Clarita, ¿qué te pasa? Te veo alterada —le preguntó Camila.

—Nada, amiga, me siento un poco ansiosa, tengo la idea de que mi madre ya no va a estar en el Cielo conmigo.

—¿Por qué tienes esa idea? ¿De dónde la sacaste?

—La escuché decir que quería reencarnar en su nieto, y si los ángeles del nacimiento le hicieron caso, lo más seguro es que ya haya nacido.

—¡Pero, Clara, si esto fuera cierto, es lo mejor que le podría pasar! Piensa que a todos los espíritus que estamos aquí nos encanta volver a nacer, porque lo vemos como el paseo de un domingo por la tarde, cuando salimos a darle esa vuelta al perro.

—¿Vuelta al perro? Nunca había escuchado eso —dijo la amiga acongojada.

—Cuando mis hermanos y yo éramos niños, mi padre nos sacaba a dar una vuelta y él decía que los domingos la gente salía a darle la vuelta al perro. Así que la vida es eso para mí: una vuelta y disfrutar el paseo por la Tierra, a donde uno debe ir con amor para volver con más amor del que se tenía cuando inició el viaje.

Clara escuchaba un poco distraída y en ningún momento dejó de caminar, se dirigía apurada hacia los arcos, donde los espíritus vuelven a nacer. No dejaba de mirar a todos lados, para ver si lograba encontrar a su madre.

—¡La perdí, la perdí! —decía, mientras Camila le recordaba que nadie se perdía en el Cielo.

—Camila, tú no entiendes, la perdí, si ella no está en este plano del Cielo es que debe estar en camino de volver a nacer.

Camila la escuchó con aprecio y respeto, y le preguntó con calma:

—¿Por qué crees que se iría sin avisarte, sin darte un abrazo?

—No lo sé, quizá le dio pena hacerlo.

—Pero tú sabes que eso no está bien, que aquí tenemos reglas y una de ellas es avisar cuando nos vamos y hasta tener la compasión de decir adónde. No entiendo por qué podría haberse ido sin despedirse de ti. Tal vez sean ideas tuyas.

"Mira, allá está Martha, tu madre —gritó de pronto Camila.

Clara miró hacia el rincón del oasis y vio a su madre sentada, observando su propia cara en el reflejo del agua.

—Mamá, mamá, ¿qué haces aquí? —la interrogó Clara.

Martha se puso de pie, se sacudió el polvo que tenía en las rodillas y le contestó a su hija:

—No entiendo por qué estás tan angustiada.

—Es sólo que no podía encontrarte.

—Pero si tú sabes que en el Cielo nada se pierde, ¿por qué me tendría que pasar algo? ¿O acaso es que sientes apego por mí o por algo en este lugar tan sagrado?

—No, madre, no tengo apegos, tan sólo tuve miedo de ya no volver a verte.

—Eso *es* apego —replicó Martha—. El miedo es apego, hija. No puedes seguir igual que en la Tierra, tienes que entender que si yo alguna vez en vida te abandoné, aquí no lo haré. Los errores de la Tierra no los volvemos a cometer en el Cielo.

Camila las escuchaba y estaba totalmente de acuerdo, pero pensó que tal vez Clara estaba ansiosa por algo más, así que decidió darles espacio para que se aclararan sus ideas y sus sentimientos, para que entre madre e hija pudieran sanar las heridas pasadas.

Se alejó caminando lentamente, mientras reflexionaba sobre todo lo que Clara y su madre estaban hablando. De pronto, pensó que ella no tenía pasado, porque por más que traía a su memoria todas esas veces que había recorrido el Cielo, no recordaba haberse encontrado con nadie de vidas anteriores. Por esa razón pensaba que Francesco tenía razón y algo estaba mal con su memoria.

Siguió caminando, pensando en lo mismo, y vio pasar a una gata y una diosa. Creyó conocerlas, pero cuando intentó recordar de quién se trataba, ambas habían desaparecido. Algunas veces creía tener destellos de *déjà vu*, y en otros momentos se culpaba por no ser como el resto de los demás espíritus.

En ese momento, creyó sentir algo extraño y se dijo a sí misma, que cuando había estado en la Tierra, no recordaba haberse sentido diferente a los demás pero ahora se sentía una extraña en el lugar donde todos los espíritus se sentían cómodos.

Mientras Camila seguía mirando las nubes sobre las que caminaba, se consolaba pensando que por lo menos había algo bueno: a través de sus futuras regresiones, algún día recordaría perfectamente las vidas en las que se había encontrado con su alma gemela, tanto en la Tierra como en el Cielo. Con Francesco, el amor de su vida.

En eso, Clara pasó en una nube de color *nude* y la llamó por su nombre:

—Camila, Camila, tengo algo que contarte.

Camila se acercó a la nube y Clara le platicó que se había dado cuenta de que seguía igual de ansiosa, como cuando había estado en vida.

Entonces Camila entendió que su intuición no le había fallado: a Clara le ocurría algo en lo que tenía que trabajar.

—Entiendo, Clarita, algunos espíritus, cuando regresan al Cielo, se quedan tan apegados a sus recuerdos que no se les quita la ansiedad. Pero no te preocupes, yo te daré un ritual para que esa angustia se vaya por completo:

"Primero, debes buscar un poco de jengibre, tal vez podrías pedírselo a Jazmín: ella es especialista en los jengibres del desapego. Después, le añades cúrcuma y miel, y mientras bebes el jugo, piensa si hay algún apego en alguna vida que te haya hecho crecer.

Clara le agradeció y le prometió que haría el ritual.

—Ya verás que ningún apego te ha ayudado en la vida. Cuando te des cuenta de eso, te sentirás como nueva, ya no tendrás ansiedad ni angustia, sólo sentirás paz. Y la paz es el máximo sentimiento que se puede tener, tanto en la Tierra como en el Cielo.

Clara abrazó a Camila, volvió a agradecerle y se fue flotando feliz por los aires.

Camila contempló todo a su alrededor y pensó que en el Cielo todo era bello, perfecto, indescriptible. Sin embargo, también pensó que había algo incongruente en ese lugar, porque el Cielo es perfecto, pero la mayoría de los espíritus que están aquí quieren regresar a la Tierra, a una vida difícil e injusta, llena de religiones contradictorias, con adeptos de doble moral.

Creo que yo no regresaré a la Tierra, se dijo Camila. *Aquí estaré siempre bien y no correré riesgos. Los riesgos me asustan.*

Un perro y un hijo son un corazón fuera de tu cuerpo

Las mascotas tienen menos tiempo de vida que los humanos, para que podamos disfrutar de la compañía de varias de ellas. Cada una es diferente de la otra, y todas se convierten en el animal de poder de sus dueños.

CON QUIÉN SE QUEDA EL PERRO
Antes de que echemos las maletas a la calle
y bajemos el telón,
si tú te vas y yo me voy, esto ya es en serio,
si tú te vas y yo me voy, ¿con quién se queda el perro?

JESSE & JOY / TOMMY TORRES

Durante un paseo en una cálida tarde de verano, Camila le pidió a Francesco que la acompañara a recorrer el cielo de las mascotas. Él accedió, así que felices y juntos se fueron flotando hacia un cielo pintado de colores pastel, con aroma a vainilla.

Camila iba recorriendo y disfrutando junto a Francesco este mundo de pequeños peludos. Perros hermosos de todos los tamaños, razas, colores. Como Camila no recordaba casi nada, seguía haciendo un esfuerzo para llegar a tener su memoria completa.

En ese momento, recordó que cuanto más esfuerzo hacen las personas para obtener algo, menos lo consiguen, porque *lo que se resiste persiste*, así que se dijo a sí misma que debía soltar el conflicto de no recordar y dejar que pasara lo que tenía que pasar. Después de eso, se sintió más aliviada.

Mientras disfrutaban del paseo, pasó un perro de raza bichón frisé cerca de Camila y ella se agachó para acariciarlo. Luego, lo levantó y lo abrazó. El perro le lamió la cara en respuesta y ella empezó a recordar que había tenido uno igual en una vida pasada y pensó que le gustaría saber si ese perro estaba en el Cielo.

De pronto, algunos recuerdos de su mascota llegaron a su mente, se le hizo un nudo en la garganta y empezaron a caer lágrimas por sus mejillas. Al notarlo, Francesco le preguntó qué le pasaba.

Camila le contestó:

—Francesco, acabo de recordar algo muy triste, creo que es un momento de una vida pasada, por favor, ayúdame a saber qué es.

—Cierra los ojos, respira y recorre tu memoria, practica la meditación que te enseñé para trasportarte a tu pasado —dijo Francesco.

Camila siguió las indicaciones al pie de la letra, hasta que, de pronto, todos los recuerdos se agolparon en su mente, rompió en llanto y le dijo a Francesco:

—Yo tenía una perrita como ésta y la maté. No me lo voy a perdonar nunca, nunca, sin importar que esté en el Cielo rodeada de ángeles. No pienso que sea un regalo por haberme portado bien, nunca lo creeré. Lo que hice no me lo perdonaré nunca.

Camila siguió llorando y soltó al perrito que la miraba y parecía entender todo lo que ella decía. En ese momento, Francesco dijo algo para sí mismo:

—Y es que no solamente en el Cielo tendrían que venir las personas arrepentidas para ascender de nivel, sino para aprender a quitarse la culpa día a día y perdonarse a sí mismas, porque la paz no se regala, se gana.

Francesco puso la mano en el hombro de Camila y, con amor y determinación, le dijo:

—No puedes estar aquí con este nivel de culpa, la tristeza debe dejarse atrás, estés en el Cielo o en la Tierra.

"Si en este momento no te sientes preparada para hablar de tu mascota, dejémoslo para más tarde, por ahora podemos recorrer el cielo de las flores y de las abejas, el de las mariposas... Cuando estés más calmada, regresamos.

—No, creo que debo enfrentar mi dolor y hacer algo para encontrar a esa perrita —contestó Camila.

—¿Te acuerdas de cómo se llamaba?

—Sí, lo recuerdo, se llamaba Trineo. ¿Cómo hago para llamarla? ¿Será que al escucharme ella podrá venir?

—Si ella está aquí y no ha reencarnado, seguro te escuchará y acudirá emocionada a tu encuentro.

"Con las mascotas ocurre lo mismo que con los humanos, son los mismos en todas las vidas, cambian de forma, de sexo o de raza, pero sus espíritus son los mismos, son nuestros ángeles y nuestros animales de poder.

"Ahora, Camila, concéntrate, levanta tu voz y llama a tu perrita, dile quién eres, quién fuiste en esa vida, y pídele que venga a ti.

"Llámala de la misma manera en que lo hacías antes y seguramente las vibraciones del sonido le llegarán y ella podrá recordar quién eres y vendrá a tu encuentro, sin mayores dificultades.

Camila le hizo una seña a uno de los perros que jugaban cerca de ella y empezó a llamarla, a gritarle por su nombre, además de hacer los silbidos característicos con los que solía avisarle que había llegado a casa.

En cuanto empezó a hacerlo, los demás perros comenzaron a acercarse. En poco tiempo, ya la habían rodeado. Ella pensó que tal vez era alguno de ellos, que había reencarnado siendo otro tipo de perro, así que preguntó:

—¿Cómo sé que no es alguno de éstos?

—Camila, tú la vas a sentir, no todos los perros son iguales. En la Tierra, puedes ver a un paseador de perros que lleva a diez perros y puedes saber perfectamente cuál es el tuyo, así que no dudes de eso.

—Tienes razón, Francesco, te haré caso y no dudaré.

Después de un tiempo en que ambos estuvieron llamando a Trineo, se acercó una perrita detrás de las alas de Camila y saltó hacia sus brazos. Camila la abrazó, la besó y le pidió perdón.

Francesco le preguntó, un poco intrigado:

—¿Qué fue lo que ocurrió que te hace sentir tan mal?

—Estaba estacionando mi auto y no la vi, porque había ocasiones en que la perrita se metía debajo de él —dijo Camila, mientras volvía a abrazarla con una gran ternura y le seguía diciendo—: Por favor, perdóname, perdóname.

La perrita le daba lengüetazos por toda la cara, le secaba las lágrimas, la miraba. Camila le preguntó a Francesco:

—¿Crees que me haya entendido?

Francesco, con ánimo de que Camila reflexionara, le preguntó:

—¿Tú qué sientes?

—Siento que mi alma no estará en paz nunca, creo que me daría más culpa si ella me perdonara. Tal vez necesito el castigo de verla enojada, reclamándome, diciéndome que no me va a perdonar.

—Veo que estás uniendo la culpa con el castigo, como todos los humanos, Camila. Eres muy humana todavía. Pero quiero entender lo que sientes, corrígeme si estoy equivocado.

"Si una persona te perdona, tú sigues sintiendo que no es suficiente, que no puedes estar en paz. Seguramente, si la otra persona te perdona y, además, te sigue queriendo, sería un doble castigo para ti. Esto que es tan dramático para ti, también lo es para otras personas que sienten culpa.

"Existen personas que fallecen en accidentes, en asesinatos, en malas praxis o se mueren sin estar cerca de sus seres queridos, y los humanos suelen decir que eso es injusto y se preguntan por qué no estuvieron ahí para defenderlo y se quedan con culpa.

"Lo que me cuentas que ocurrió no fue intencional, quisiste estacionar tu auto y pasó lo inesperado. Pero nunca fue tu intención atropellarla, ¿o sí?

"Eso le ocurre a mucha gente, ellos se culpan y luego, cuando se dan cuenta de que no fueron culpables, se sienten mal y se siguen castigando por tiempo indefinido, y es que han determinado, consciente o inconscientemente, que deben sufrir y martirizarse. Nunca podrán o querrán aceptar su autoperdón, porque esto otorga una libertad espiritual maravillosa que creen no merecer.

—Francesco, tienes razón, ahora entiendo lo me dices. Si la perrita me mira con amor y yo me siento incómoda es porque inconscientemente no quiero que me perdone.

—Y si te hablara y te dijera: "Oye, Camila, te perdono, esto no fue como tú lo creías", ¿te sentirías mejor? ¿Te irías de aquí con una sensación de paz?

—Creo que sí, Francesco.

—Bueno, entonces vamos a pedirle a Trineo que se concentre y que hable. Ella puede hacerlo, todo lo que pasa y hacen los seres en la Tierra también es posible aquí.

"En la Tierra los perros hablan, sólo que la gente no sabe entender el idioma perruno. Concéntrate y pídele que se comunique contigo, tal vez no te hable claramente, pero lo que te diga podrás verlo en tu mente.

—Pero si lo veo en la mente, voy a pensar que soy yo la que me estoy imaginando todo.

—¡No puede ser, Camila! Eres igual que los humanos descreídos, te repito que me asombra que sigas siendo tan humana.

—¿Y tú ya no sigues siendo humano? ¿Cómo lo sabes?

—Porque los humanos viven la vida a través de sus re-acciones, de sus sentimientos, de sus emociones, y eso los hace reaccionar todo el tiempo. En cambio, nosotros so-mos seres con conciencia, si bien tenemos sentimientos, no tenemos reacciones humanas. ¿Sabes por qué?

—Sí, lo entiendo, todavía soy humana, pero ¿por qué?

—Seguramente eso te gusta, tal vez en la Tierra no te fue tan mal.

—¿Por qué si me hubiera ido mal sería inhumana? —y soltó una gran carcajada.

—Puede ser, no sé —dijo Francesco, frunciendo el ceño.

—Entonces, le pediré a la perrita que me mire con ese amor de siempre, porque yo también la amé profundamente. También le pediré que en esa mirada de perro amoroso me diga que me perdona.

—De acuerdo, Camila, concéntrate, relájate y recuerda lo que te enseñé sobre la respiración.

Ella se concentró y enseguida la perrita volvió a aparecer. Después de darle unos cuantos lengüetazos, que hicieron sentir a Camila que el corazón se le salía por la boca, pudo pronunciar esa frase mágica que la liberó:

—Perdóname, Trineo.

La perrita le contestó:

—La culpa fue mía, yo fui quien me lancé debajo del auto porque tenía que irme de ese plano y pedí que tú me ayudaras, así que soy la única culpable.

—Pero ¿por qué elegiste que fuera yo, que te amaba tanto? —preguntó Camila, sin entender.

—Porque tú debías aprender a resolver una situación que arrastrabas de otra vida, donde sin querer te habían atropellado y tú culpaste siempre a la persona que lo hizo. Hiciste que fuera a la cárcel y no te importó nada: ni él, ni su familia. El hombre te había atropellado sin intención y guardaste mucho rencor, así que tenías que pagar. Y yo también tenía que pagar algo de otra vida. Todo es como una cadena, las historias se repiten una y otra vez.

"Si miras esta cadena sin un crecimiento evolutivo, la considerarás bastante perversa, como si fuera un juego macabro. Lamento que hayas sido tú la protagonista de este hecho doloroso, pero yo no podía elegir: desde antes de nacer tenía como obligación elegir a alguien que tuviera que sufrir esa situación para ayudarme a partir.

"Cuando fuiste a buscar al refugio de perros, supe que me ibas a elegir por lo que tú tenías que sanar —dijo Trineo con tristeza.

Camila escuchaba asombrada. La perrita le hablaba muy claramente, así que no podía tener dudas.

—Los perros sabemos todo, lo malo es que no hablamos —siguió diciendo Trineo—. La vida es bastante injusta, pero si la interpretamos desde la verdad del karma, es una cuenta perfecta de deberes y haberes de acciones pasadas. En realidad, aquí estamos mejor —terminó diciendo su mascota de otra vida.

—¿Cómo puedes decir eso? Eras una perrita amorosa, te encantaba jugar a la pelota, correr y saltar, yo te veía muy feliz cuando estuviste conmigo. Ahora dices que la vida puede parecer un juego macabro, es muy fuerte lo que estás diciendo, porque yo nunca vi la vida de esa manera.

—Fui muy feliz contigo, para mí fuiste la mejor, sin embargo, es muy poco el tiempo que podemos vivir como mascotas con ustedes. Lo bueno es que como no estamos conscientes de ello, disfrutamos mucho ese tiempo.

Camila le contó que alguna vez un ángel llamado Lázaro le había contado que las mascotas viven menos tiempo que los humanos para que ellos pudieran disfrutar del amor de varias mascotas.

—El fin de esto es que los humanos podamos vivir la diversidad de los amores que ustedes nos dan.

"Pero regresando al tema de la culpa, trabajé en todos los sentidos que pude, tomé cursos, leí libros y fui a pedir perdón a la iglesia —dijo Camila, acongojada.

Trineo le respondió que sin duda esas culpas no habían sanado todavía...

—Si ya hubieran sanado, las hubieras dejado atrás. ¿No tuviste otra mascota de reemplazo después de mí? —preguntó Trineo.

—No, no quise, me sentía como una asesina, y hubiera sentido más culpa si otra mascota hubiera tomado tu lugar.

—Qué mal, te perdiste de haber disfrutado de otros amores, pero seguramente en la próxima vida estarás muy acompañada, es parte del karma: quien se quedó con culpa por algo que sucedió con una mascota, en la siguiente vida la reemplazará por dos. Nadie escapa de la reparación. Y recuerda que la culpa se trabaja desde el amor hacia ti mismo, a través de un perdón inmenso desde lo más profundo de tus entrañas.

Camila se quedó pensando cómo era posible que Trineo tuviera un mayor nivel de conciencia que ella. Como la perrita sabía leer la mente, le contestó de la misma manera:

—Cuando estamos metidos en un problema, nunca podemos ver la realidad de las cosas. Los animales aquí tenemos el mismo nivel de conciencia que los humanos. Cuando estamos en la Tierra, perdemos el habla y parece que somos inferiores, pero no es así.

”Siempre me he preguntado si es mejor que no hablemos, que tal vez si lo hiciéramos no nos querrían tanto.

”Imagínate a una mascota reclamando a su dueño: 'Esta comida no me gusta', 'Me bañaste mal' o '¿Por qué te tardaste tanto en llegar?'.

Camila coincidió con ella, riendo a carcajadas.

—Creo que nos llevaríamos mal, estaríamos ofendidos todo el tiempo y trataríamos de perderlas de vista en algún paseo, habría más mascotas caminando por las calles que en las propias casas —añadió Camila, en tono de broma.

Ninguna de las dos podía dejar de reírse.

De pronto, Camila se dio cuenta de que Francesco no estaba, pues se había ido a buscar a sus antiguas mascotas de otras vidas, pero a su regreso pudo escuchar lo último de la conversación, y les preguntó si podía opinar. Tanto Camila como Trineo asintieron con la cabeza.

—Camila, tú debes tener más amor para ti misma, así podrás disfrutar más tus vidas futuras, y podrás tener más apertura de mente en el presente, para sentirte plena sin cargar culpas innecesarias.

"Si en otra vida se han atravesado en tu camino más mascotas, y eso te ha dado la oportunidad de compensar el dolor de la pérdida, habrá sido para algo bueno.

"Y si nunca quisiste tener una mascota en esa vida para no sufrir más, no había necesidad de tanto castigo, porque eso no tiene nada que ver con la vida, sino con la muerte: uno muere cada vez que se lastima, uno muere cada vez que es humillado por una traición o por un rechazo recibido, uno muere cuando somos injustos con nosotros mismos.

"Cada instante que transcurre sin vivir con plenitud, te va acercando a tu tumba.

Trineo interrumpió a Francesco, para decirle a Camila:

—Cuando ustedes los humanos no entienden algo o no tienen algo que desean, se lastiman, se martirizan, se torturan, y estoy de acuerdo con que la vida no es eso.

"Tu culpa no te dejó ver todas las cosas buenas que sucedieron después de que me fui. Esto también ocurre con las personas que no pueden llorar en un duelo. Si lo hicieran, se liberarían y se sentirían mejor, pero no se lo permiten por la culpa.

"Al final, todo es un aprendizaje, hasta el hecho de haberme ido.

"Cuando las personas tienen mascotas, las consideran parte de su familia. Y nosotros nos sentimos muy felices con ustedes. Sin embargo, en algún momento nos tenemos que ir, y la culpa siempre aparece, porque no podemos hablar, porque no podemos asumir la responsabilidad de nuestra partida, cuando somos quienes elegimos cómo morir.

Francesco intervino en la conversación:

—Nosotros, los espíritus, también elegimos cómo morir y con quién, y aunque podemos comunicarnos y elegir a un médico, irse de la Tierra es todo un tema. Algunos mueren en soledad y otros cuando llega toda su familia, algunos quieren estar con alguna persona en particular y otros lo hacen en brazos del hijo que jamás los cuidó ni se preocupó por ellos. Aquí en el Cielo, eso no es un misterio, entender la muerte es la solución a todas las interrogantes de la vida.

Trineo se sorprendió al escuchar las palabras de Francesco y añadió:

—No sabía que ustedes también eligen cómo partir. Imagino que tendrá que ver con su karma, con las acciones de vidas pasadas.

—Así es, partir y nacer es el mismo proceso. Todo se puede elegir, hasta la enfermera que te dará la bienvenida entre sus brazos —contestó Francesco.

Trineo se quedó pensando y le dijo a Francesco que tenía otra pregunta:

—¿Por qué hay personas con más necesidad de tener mascotas que otras?

—Las personas aman a las mascotas cuando en su interior se sienten solas, cuando sus amores les fallaron, cuando nunca hubo hijos. Hay tantas personas defraudadas por otras que terminan amando más a las mascotas que a otros humanos. Y no digo que esté mal, me parece sumamente reparador. Gracias a tanto desamor, compartimos nuestras vidas con ustedes.

Francesco, para regresar al tema anterior, finalizó diciendo:

—La culpa se sana no cuando se reza, ni cuando se hace un trabajo espiritual. Se sana cuando se entiende que las cosas así como fueron son y cómo fueron son perfectas, a pesar del dolor y de que en ocasiones no sea lo que mereces.

Camila sintió que desde el fondo de su alma se desprendía un gran suspiro, tan profundo que el Cielo retumbó.

Francesco sonrió y le dijo:

—No hay como los suspiros de los humanos para expresar que una persona ha sanado desde su cuerpo y desde su alma. Los suspiros son mágicos, son las cargas de emociones retenidas de sentimientos negativos con ideas pesimistas, que nos liberan del dolor. Para poder inspirar amor, se debe dejar ir el sufrimiento.

Camila contempló a Francesco con cara de enamorada, pensó en el ser dulce y amoroso que era este hombre, mientras Francesco pensaba justo lo mismo de ella.

—Te veré pronto, Trineo. En cuanto pueda, pediré permiso para tenerte en mi casa de cristal, me gustaría que vinieras a vivir conmigo.

Pero Trineo le explicó que eso no podría ser, porque en el cielo de las mascotas ellos viven con su familia, pero que podría visitarla y quedarse con ella algunos días.

—Ya sabes que aquí hay un orden: las mascotas en su

cielo y los espíritus en el suyo, pero también tú puedes venir a visitarme.

Francesco también se despidió y le dijo a Trineo que él estaba buscando a un perro que no pudo conocer en la Tierra, pero quería saludarlo.

Camila, con cara de incredulidad, le preguntó:

—¿Cómo puede ser que quieras conocer a una mascota que nunca tuviste?

—Te voy a decir la verdad, Camila, cuando morí en una de mis vidas e hice la primera visita a la Tierra, vi que mi familia había adoptado un perro, y esto era algo que había hablado muchas veces con mi esposa Elena.

"Nunca había permitido que mis hijos tuvieran un perro porque, cuando lo hacemos, al final siempre somos los adultos los que terminamos cuidándolo, parecería que es una ley universal. Además, recuerdo que cuando ellos eran pequeños, teníamos uno de raza husky, precioso, y cuando tuvimos que mudarnos no sabíamos dónde dejarlo porque no teníamos lugar y no podíamos conservarlo. Fue difícil encontrarle una familia para dejar de sentirme culpable y por eso no quise volver a tener otro perro. Y también recuerdo que tuve un perrito cuando todavía era un niño, y cuando se murió nunca tuve quien me consolara.

"En esa vida, el perro se llamaba Pancho —dijo Francesco.

—¿Sabes que a los Franciscos o Francescos, como es tu caso, les dicen Panchos, verdad? —añadió Camila riéndose.

—Sí, lo sé, él llegó a reemplazarme.

—¿No sentiste celos? —preguntó Camila, mientras seguía riendo.

—Un poco —dijo Francesco con ironía.

Y los dos se despidieron de la mascota de Camila y se fueron abrazados, flotando. Después, se subieron a un arcoíris, miraron la Tierra desde arriba y ambos pensaron lo mismo: *Estos benditos humanos, ¡qué grandes son!*

Miedo a no amar

Existe una especie de desesperanza aprendida
cuando se fracasa en el amor,
y se suele decir muchas veces: El amor, nunca más.
Sin embargo, el ser humano ha nacido para enamorarse,
así que tropezará una y otra vez con los amores de su vida.

OLVÍDAME TÚ
Olvídame tú, que yo no puedo
no voy a entender el amor sin ti.
Olvídame tú, que yo no puedo
dejar de quererte.
Por mucho que lo intente, no puedo,
Olvídame tú...

DAVID ASCANIO OROZCO/
IGNACIO PALAU MEDINA

Francesco y Camila se fueron a dormir a sus casas de cristal. Era ya tarde, su hora favorita, y decretaron que descansarían y tendrían sueños felices.

Antes de caer rendido, Francesco recordó perfectamente la historia que había vivido en la India, cada sagrado momento con su querido maestro Sai Baba, y durante la noche revivió esa feliz experiencia.

Una hermosa historia de amor espiritual, una historia que no podría olvidar, por más que recorriera una y otra vida, aunque le quitaran la memoria física y la cuántica, jamás podría olvidarse de esa parte de su vida.

Fue durante ese viaje a la India cuando empezó y terminó su amor en la Tierra con Camila.

A la siguiente mañana, cuando despertaron, había fiesta en el Cielo: había llegado una gran cantidad de seres que habían fallecido, un grupo de gente evolucionada que había hecho todo para vivir mejor, aunque algunos no lo habían logrado.

Hoy tendrían una gran bienvenida: las estrellas encenderían sus luces más brillantes y los ángeles estaban afinando sus arpas para un concierto que, junto con los demás instrumentos musicales, como cuencos, guitarras y pianos, emitiría sus sonidos de una manera muy armoniosa. Los instrumentos que conformaban la orquesta ofrecían sinfonías que sólo podían ser armónicas cuando se respetaba el tiempo y el espacio de las notas, y quienes las ejecutaban debían respetar el instrumento de los otros compañeros.

No hay un mejor ejemplo de lo que es la armonía que una orquesta para demostrar el respeto y la empatía con el otro.

Una bienvenida psicodélica y una alegría inmensa embargaba a todos los espíritus, quienes bebían un licor especial hecho con plátanos machos; otros disfrutaban jengibre con hielo y bailaban al ritmo de la música entre los colores neón.

Todas las bienvenidas en el Cielo son así, porque es Dios mismo quien acude a abrir las puertas, así que los espíritus esperan con su corazón en alto.

Camila estaba muy atenta para descubrir si en esa oleada de gente llegaba alguien conocido, concentrada para reconocer sus energías.

Francesco, en cambio, después de haber vivido tanto tiempo en el Cielo, no le prestaba demasiada atención a quiénes entraban o salían. Sabía que si llegaba alguien conocido, se presentarían con él en algún momento. Ya había aprendido que todas las personas que llegan al Cielo van a reconocerse entre sí cuando sea su momento, no antes. Todo debe ocurrir en el tiempo adecuado.

Francesco quería contarle a Camila lo que había soñado cuanto antes, porque los sueños son tan efímeros que si no se recuerdan por la mañana o se anotan en un cuaderno, después se olvidan, pero decidió esperar a que terminara la fiesta de bienvenida para poder tener una plática tranquila, cuando estuvieran sobre sus nubes preferidas.

Mientras tanto, siguieron disfrutando de la fiesta al máximo, aunque no pudieron bailar juntos porque el tiempo transcurrió velozmente y, casi sin darse cuenta, les dieron las cinco de la tarde, la hora en la que se juntan las nubes rosas y celestes.

Camila y Francesco llegaron a las nubes y se sentaron. Él mencionó que las conversaciones que habían tenido sobre la culpa habían provocado el sueño que tuvo.

—Yo también tengo tantas cosas que contarte —dijo Camila—. Te quiero decir que después de lo que hablamos, fue como si un gran peso se me hubiera quitado de encima y sentí una suavidad en mi alma y mi cuerpo. Era la culpa la que me pesaba.

—Claro, Cami, los sentimientos negativos pesan, por eso es bueno andar por la vida bien livianos —añadió Francesco.

—Sí, ahora me doy cuenta de que es así. Pero cuando estaba en la Tierra no vivía de esa manera, a veces me sentía tensa y pensaba que eran los problemas del día a día.

—Cuando nos encontramos insatisfechos, lo más probable es que las cosas no estén saliendo como uno quiere y ni siquiera te das cuenta de que estás cargando ese peso. Por eso, tenemos que viajar ligeros de equipaje.

"No sé si puedes recordar que aquí tenemos al Maestro del Destino, que nos ha enseñado cómo andar sin cargas innecesarias.

Camila se quedó pensando, y mientras se tocaba la barbilla contestó:

—A mí no me tocó ese Maestro. ¿A ti sí?

—Sí, yo estuve con él hace mucho tiempo, y me enseñó que las cargas son innecesarias, que el cuerpo se rompe cuando hay demasiado peso, y que eso depende pura y exclusivamente de los sentimientos negativos.

—Yo creo que si una persona no tuviera sentimientos negativos, como la culpa, sería porque no tiene moral. La culpa es necesaria para portarnos bien —exclamó Camila, confundida.

—Entiendo lo que quieres decir, pero todo tiene que ser en su justa medida. Claro que la culpa te sirve para tomar una actitud correctiva, para no volver a cometer el mismo error y no lastimarte otra vez —contestó Francesco.

—Sin embargo —continuó—, podríamos hablar de una culpa sana y otra que mata. Creo que la que mata es de esa que estuvimos hablando, la que pesa y rompe el cuerpo, que es innecesaria y conlleva a un castigo inútil.

"Te voy a relatar una historia que tiene que ver con esto:

"Tal como te he contado, en una de mis vidas pasadas tuve una esposa llamada Elena, a quien amé profundamente.

"Ella y mis hijos querían tener un perro, pero nunca los dejé, por los motivos que ya te conté. Además, yo creía que los perros debían estar libres y en mi casa no había quien los cuidara.

"Elena se la pasaba regañando a los niños por el desorden y yo no cooperaba con nada en la casa.

"Lo más que llegué a hacer fue comprarles peces, pero un día mi esposa prendió el horno para cocinar y la falta de oxígeno hizo que los peces se murieran, así que ya nunca quise que tuvieran una mascota, porque si por los diminutos peces lloraron durante un mes, no quería imaginar cómo sería si fuera algún otro animal.

"Entonces, al terminar mi ciclo en la vida, después de un tiempo de estar aquí en el Cielo, pedí permiso para hacer mi primer viaje y poder visitarlos. Cuando regresé a la casa, me di cuenta de dos cosas.

"La primera: la casa tenía las rejas pintadas de un color que yo aborrecía, un color blanco en donde se notaba cuando surgía el óxido. La segunda: un perro que se llamaba Pancho. Te juro que en ese momento sentí que era como una burla. Al principio, me costó darme cuenta de cuál era mi casa, entre el perro nuevo y las rejas de otro color. Ni siquiera podía reconocer el lugar, además de que era mi primera visita y estaba emocionado... así que me la pasé llore y llore mientras iba descendiendo por la vereda de la calle, y el perro me seguía, ladre y ladre.

"Yo creo que Pancho me veía y se colocaba frente a mí como si no me quisiera dejar pasar. En ese momento entendí perfectamente que cuando no dejamos que alguien haga algo en vida, esa persona tan sólo esperará a que nos vayamos de su lado para hacer lo que siempre quiso. Es una estupidez, porque nosotros tendríamos que ser más flexibles con los gustos de los demás y no sostener una guerra de egos y de poder. Deberíamos dejar que el otro sea feliz porque, quién puede saber si esa felicidad no termine siendo también nuestra felicidad.

"Por ejemplo, si en el momento en que mi hermano me estafó con la fábrica de juguetes que habíamos fundado juntos, lo que me causó tanto dolor y rencor, yo hubiese tenido más flexibilidad para aceptar una mascota, seguramente eso me hubiese ayudado a sobrellevar tanto enojo y hasta me hubiera salvado.

Camila que escuchaba atenta, replicó:

—Tú por lo menos tuviste una mascota después de muerto. Yo la tuve y la perdí, por eso a veces es mejor no tener nada, para no sufrir.

—No era mi mascota, era de mis hijos —contestó Francesco.

Camila movió la cabeza de un lado a otro, negando.

—Pero ¿te imaginas si todo el mundo pensara así? No habría personas con parejas, ni con hijos, ni con trabajos. El miedo a no amar para no perder es una defensa estúpida. Por cierto, ¿sabías que el amor significa "sin muerte"?

—No entiendo, explícame, Francesco.

—Así es: la letra *A* significa *sin*, y *more* significa *muerte*. O sea, que cuando tú tienes amor en la Tierra, es totalmente infinito.

—¿Cómo es posible que no se muera? Si todo se muere: se muere el amor, se mueren las personas, se mueren los lugares.

—Bueno, pero si tú lo sigues recordando con amor, es una muestra de que sigue vivo. Si quieres vivir, debes arriesgarte. Tienes que ser loco, ser diferente, sin importar que sea por algo que al final puede terminar.

"Si lo piensas bien, te darás cuenta de que las cosas no terminan como crees. Si así fuera, no estaríamos aquí tú y yo. Lo que recuerdas con amor nunca se termina. Si lo hiciste con alegría, más allá del resultado, entonces vives sin muerte.

—Francesco, siempre eres tan sabio —dijo Camila.

—No creas que llegué hasta donde estoy porque soy sabio. Sé que muchas veces me equivoqué en la Tierra y aquí, en el Cielo, he tenido mucho que aprender.

"Una de las veces que llegué al Cielo, en los primeros días, fueron asignados algunos maestros especiales para ciertas lecciones. Yo fui uno de los pocos espíritus seleccionados, y todo el tiempo pensé que los demás tenían más conocimiento que yo. Eso significa que algunas personas no tenemos forma de salir de la ignorancia, por más que lo intentemos. Ocurrirá cuando deba ser, ni antes ni después. Recuerda que, tanto en la Tierra como en el Cielo, todo ocurre en el momento perfecto.

—Ay, Francesco, mi alma gemela, cuanto más te escucho, más te amo. Por eso me gustan estas charlas, para seguir enamorándome.

—Aunque no tiene nada que ver la manera en que me ven tus mariposas estomacales a como soy en realidad, pues siempre he sido un burro para aprender —ambos soltaron una carcajada.

Y así, entre risas, el ángel Cupido pasó y les mostró una flecha como si fuera a lanzarla hacia ellos y Camila le gritó:

—¡Otra vez tú! ¡Por favor, no más flechas! No vaya a ser que nos vuelvas a flechar y lo hagas mal, que el amor que tú repartes es más peligroso que una guerra mundial. Mejor déjanos como estamos, así estamos bien.

Cupido los escuchaba y se retorcía de risa sobre la nube en la que viajaba, pero entonces, de pronto, se le cayó una flecha.

Camila lo regañó, sin dejar de lamentarse por el pobre a quien le hubiera caído.

—Siempre haces lo mismo, no entiendo por qué Dios te tiene aquí todavía —dijo Camila cuando Cupido ya se había ido. Ella siempre había creído que era un ángel tonto.

—No te enojes, que el amor es así: dispar y complementario a la vez. Totalmente incongruente e inentendible, a diferencia de la maldad, que es tan clara y obvia.

Camila lo escuchaba alterada porque el tema del amor la inquietaba, así que le preguntó a Francesco:

—¿Cómo es que la maldad es tan obvia?

—Bueno, Camila, en realidad nadie te va a decir: "Yo soy malo". No es que la maldad sea tan obvia, no la ves venir claramente, siempre estará disfrazada de astucia.

—No me queda muy claro eso de la maldad, pero del amor entiendo perfectamente que todo es por culpa de ése que acaba de pasar. Estoy casi segura de que Cupido es el ángel más imperfecto de todos. Enamora a los demás como le da la gana, según su estado de ánimo. Le gusta flechar sólo a una parte de la pareja, y eso no se vale.

Francesco se reía y admiraba la inocencia de Camila, pero cuando pudo dejar de reír, le dijo:

—¡Tienes razón! Siempre le reclamo porque no puede ser que haga tan mal su trabajo. No puede ser tan travieso, debe tener presente que el amor es cosa seria y el amor de pareja es un sentimiento profundo. Tanto así que toda persona es capaz de tomar decisiones exclusivamente por amor: por amor a su familia, por amor a su pareja, y la lista sería interminable.

—¿Será que el amor que nosotros conocemos en la Tierra no es amor? ¿Será que a veces elegimos a la pareja equivocada para tener una vida de perros?

"Y con eso no me refiero a los que viven en el cielo que acabamos de visitar. Me refiero a la vida de perros como metáfora de sufrimiento, porque el amor nunca tendría que provocar sufrimiento, en realidad. El fracaso del amor es por culpa de Cupido, a quien pareciera que le gusta lastimar a la gente.

Francesco se empezó a preocupar por la ira y la forma de pensar de Camila, así que le contestó:

—No estoy seguro, tengo dudas sobre ese tema, es algo de lo que no quiero hablar ahora.

—Me imagino que no quieres hablar por algo en especial —dijo Camila.

—No lo sé, pero lo que me preocupa es tu enojo... Si yo soy tu alma gemela, tendrías que estar feliz conmigo y también con Cupido, ¿por qué tanto rencor hacia él? —preguntó Francesco con el ceño fruncido.

"Sin embargo, creo que es un tema del que podemos hablar en otra oportunidad, porque quiero contarte acerca del sueño que tuve de mi Maestro en India y de todo lo que aprendí. Es probable que los recuerdos que tengo ahora no vuelvan a ser tan nítidos y quiero mantener estos recuerdos positivos para brillar aún más.

—Está bien, mi querido amor de todas las vidas, te

escucharé sin interrumpirte. Cuéntame todo lo que acabas de recordar en tu sueño acerca de lo que pasaste en la India.

—Te contaré, Cami, pero antes me gustaría comer un poco de maná, ¿tendrás un poco para convidarme?

Camila metió la mano en sus bolsillos y encontró un poco de maná y semillas de girasol.

Otras vidas

Los recuerdos de otras vidas sirven para volver a empezar
con más recursos internos para enfrentar
las fuerzas del destino presente.

ENTRE TÚ Y MIL MARES

Ya no tengo miedo de ti.

Ya toda mi vida eres tú.

Vivo, tu respiro que queda aquí,

que consumo día tras día.

No puedo dividirme ya entre tú y mil mares.

No puedo ahora estarme quieta y esperarte.

LAURA PAUSINI / SANDY AND JUNI

Camila le invitó uno y otro bocado, hasta que Francesco tomó la fuerza suficiente para contarle su historia. Con un nudo en la garganta, suspiró con nostalgia y empezó a hablar:

Era la historia de un gran amor enterrado en el pasado.

—Yo era piloto de avión en una de mis vidas pasadas, lo sabes porque en esa vida nos conocimos. Me encantaba volar porque creía que era el modo más cercano de estar en un mundo del que tenía memoria desde que nací. En esa vida, me llamaba Agustín, recuerda que ya te había contado que así me llamaba.

"Mi padre había muerto cuando yo apenas era un niño y mi madre era una mujer clásica y bastante retrógrada en ideas. Para ella, todo adulto debía casarse, tener hijos y una casa para ser feliz.

"Así había conocido a la esposa que eligió para que fuera la madre de mis hijos, pero tanto mi esposa como ella me querían cambiar. Me sentía tan mal cuando estaba con ellas y tan bien cuando estaba en el aire, que, a medida que pasaba el tiempo, cuánto más me ausentaba, yo estaba mejor. Y cuando regresaba a casa, cada vez me sentía peor.

"Poco a poco me fui dando cuenta de que no era feliz y que no hacía feliz a nadie, me sentía un inútil.

"En cambio, cuando nacieron mis hijos, me sentí en verdad feliz. Pero la relación con mi esposa se fue haciendo cada vez más tirante y ya casi no pasaba tiempo con los niños. Lamentablemente, no había desarrollado demasiado apego hacia ellos. Su madre me los escatimaba casi todo el tiempo y ellos pasaban la mayor parte del tiempo con la familia de su madre, pero no podía irme de esa casa porque no sólo se enojaría mi esposa, sino también mi madre.

"Sin embargo, un día que regresé de uno de mis viajes, mi esposa empezó a reclamarme por todo y en ese momento tomé la decisión de irme. No fue nada fácil, nunca olvidaré ese día.

"Creo que una de las decisiones más difíciles es el día en que una persona renuncia a la familia que soñó tener para toda su vida. Así es, cuando uno se va de la casa. Y todavía es peor cuando los hijos ven cómo un padre o una madre hace las maletas y se marcha. Creo que es el mayor dolor que les podríamos causar, además de abandonarlos cuando morimos.

"Pero al final, cuando las relaciones no son genuinas, se vuelven insostenibles, y fue así como dejé la casa. Esa noche decidí buscar refugio en la casa de mi madre, pensando que estaba yendo de un lugar incómodo a otro peor, pero no quería estar en un hotel, ya que siempre me la pasaba en hoteles cuando viajaba. No quería la frialdad de un lugar desconocido. Para bien o para mal, necesitaba estar con mi madre.

"Mi madre siempre fue muy platicadora, pero habían pasado algunos años sin que yo le hubiera prestado mucha atención a lo que me decía. Recuerdo muy bien ese día. Cuando llegué, me recibió con el calor y el amor de madre. Creo que muy en el fondo se alegró. Creo que cuando un hijo se separa de su esposa, la madre siente que recupera algo que le pertenece.

Camila, que estaba atenta al relato, lo interrumpió para decirle que no estaba de acuerdo con eso, que ella dudaba que una madre se alegrara porque un hijo se separara de su pareja, pero como en realidad no recordaba mucho de sus vidas pasadas, no insistió en convencer a Francesco de que esa idea era algo poco realista.

Francesco retomó la historia y le contó a Camila que su madre había seguido evolucionando en el terreno espiritual:

—Se dedicaba a dar un curso de milagros y le gustaba hablar de espiritualidad práctica. Ella deseaba que cambiara toda mi forma de ser y que comulgara con sus nuevas creencias y forma de pensar. La verdad es que me dejé llevar para poder tener la fiesta en paz.

"Me gustaba más esa mamá que la otra que había sido, cuando era una persona estructurada y dura, golpeada por la vida. De esa forma, me fui introduciendo en el camino espiritual y creo que todo ser que sigue ese sendero es porque la vida le ha dado muchos golpes. Estoy convencido de que tanto la espiritualidad como las artes y la religión pueden sanar el alma, porque tener la ilusión de conectar con esa parte tan sublime del más allá nos brinda más seguridad cuando estamos en la Tierra.

"Así, transcurrió el tiempo, hasta que empecé a disfrutar de corazón ese camino que ahora compartía con mi madre y un día conocí a un grupo de personas que seguían a un gurú en la India.

"De manera inesperada, durante esos días me designaron mi primer vuelo a Malasia. En ese vuelo, la mayoría de los pasajeros iban a ver a un gran maestro llamado Sai Baba, que vivía en un ashram en la India. Era increíble, pero yo sentía ese vuelo más ligero, como si hubiera una energía que se podía percibir en la cabina.

"Después del vuelo de regreso, en el que por cierto no ocurrió lo mismo, pues tenía otro tipo de pasajeros, averigüé quién era el Maestro y cuáles eran sus enseñanzas. Empecé a comprar libros y leí todo lo que pude sobre su bibliografía y las experiencias de sus seguidores. Hasta que una noche soñé que ese Maestro me decía que tenía que ir a conocerlo y que debía cambiar mi forma de vivir.

"Al otro día, cuando desperté, pensé que todo había sido un simple sueño, de esos que uno cree que son producto de la imaginación. Yo estaba seguro de que, para vivir mejor, debíamos tener sueños bonitos, pero que éstos no tenían nada que ver con la realidad.

"Sin embargo, pasó el tiempo y empecé a notar que casi todo el tiempo estaba de mal humor. Pensé que debía tomar una licencia en mi trabajo, aunque era difícil que la consiguiera porque estaba empezando a hacer viajes más largos, pero cada vez tenía más deseos de conocer al Maestro.

"Una mañana me levanté sin energía y me di cuenta de que tenía un sentimiento como de nostalgia, y que tenía que ver con algo de mi niñez. Ese día me acordé de que había tenido una niñez particular: recordaba toda mi vida en el Cielo antes de nacer y que antes había sido Francesco, el que soy ahora, aunque en esa vida me llamaba Agustín y era muy diferente a Francesco, aunque seamos la misma persona.

"No fue fácil tomar la decisión de dejar mi trabajo, no tenía mucho dinero ahorrado, pero me dije que tenía que tomar el riesgo y volver a ser ese loco que alguna vez fui en otra vida.

Camila, que lo había estado escuchando con atención, lo interrumpió en ese momento para decirle que ella también admiraba a su madre por lo que hizo por él, y que ella, en cambio, si bien recordaba muy poco de sus vidas anteriores, sabía que trabajaba como médica y que no tenía esa soga al cuello para mantener la casa, porque de eso se encargaba su esposo.

—Aunque estaba consciente de que muchas mujeres tienen que trabajar y mantener solas a sus hijos y, a veces, no sólo a ellos, sino también a sus padres y hermanos. Quizá por eso no pueden tomar una decisión de dejar un trabajo que no les gusta: tienen miedo de no poder encontrar un mejor trabajo.

"Sin duda, la mayoría de las decisiones que toman los humanos están basadas en el amor.

Francesco le preguntó en ese momento:

—¿Crees que las personas sin hijos tienen menos miedo a tomar decisiones con respecto a su trabajo?

—Tal vez no, he conocido a personas sin hijos que deben tomar en cuenta a sus hermanos, tíos o padres al momento de tomar decisiones que tienen que ver con el dinero.

—Parecería que siempre nos atamos a algo. Es raro que una persona no tenga ninguna atadura a algo. En el interior, muy en el fondo del corazón de las personas, está siempre la necesidad de hacerse responsable del otro.

—¿Será por el miedo de quedarse solos o será por amor de verdad? —preguntó Camila.

Francesco no tenía una respuesta a su pregunta, pero felicitó a Camila por el esfuerzo para seguir recordando más cosas y continuó con el relato:

—Después de renunciar, mi esposa definitivamente me mandó a volar y no quiso verme más. Me costó mucho volver a ver a mis hijos, pero ésa es otra larga historia que ya te contaré en otra ocasión, ahora te platicaré sobre lo que me pasó en la India.

"No sólo yo había soñado con ese Maestro, sino mucha otra gente también. Todos los que habíamos llegado hasta allí, teníamos la firme intención de conocerlo.

"Sin embargo, yo sentía un llamado distinto: una intuición muy grande me decía que iba a pasarme algo muy diferente.

"Al llegar al ashram, me di cuenta de que había una rutina con horarios y cánticos que elevaban la vibración de todos con una energía tan hermosa que era difícil imaginar.

Camila estaba muy atenta al relato y le iba preguntando algunas cosas, pero Francesco le insistía en que ella también había estado ahí.

Yohana García

—Me desespera no poder recordar nada sobre eso —exclamaba Camila enojada.

—De acuerdo, no quiero estresarte, así que no insistiré en ese tema el día de hoy, ya lo haremos después. Creo que debemos ir día a día recordando tu pasado, siempre y cuando sea algo que sirva para construir tu futuro.

—¿Y qué futuro puedo tener aquí?

—Ya lo verás, Dios te va a dar una entrevista tarde o temprano, y te enseñará a ir evolucionando día a día, mes a mes, año a año.

"Bueno, sabes que un año en el Cielo es muy diferente al de la Tierra, pero Dios te guiará para traducirlo en tiempo y en espacio.

—Está bien. Sin duda, tú eres aquí mi maestro.

—No, no soy tu maestro, soy tu amor.

Camila sintió cómo se encendían sus mejillas.

—Está bien, Francesco, síígueme contando esa historia.

—Los servidores del Maestro iban llamando a la gente, casa por casa, desde muy temprano.

"Todos cantaban el mantra del 'om' en una ciudad de cinco mil personas que temblaban de amor. Imagínate a toda la gente cantando, uniéndose uno a uno.

"Todos íbamos por la calle con pañuelos del color de la bandera del país al que pertenecíamos. Podías ver los colores de casi todas las banderas del mundo.

"En el transcurso de los días, acudieron muchos devotos a verlo, algunos que iban por curiosidad, personas discapacitadas o con problemas de todo tipo. Enfermos y sanos, todos recurrían a él para tratar de obtener un milagro.

"Cuando los fieles llegaban al patio del recinto, debían dejar su calzado en la puerta y se iban colocando en filas para ser sorteados y elegir a los que entrarían adonde el Maestro daría el *darshan*, que es la reunión con sus seguidores.

"El segundo día, me tocó estar en la segunda fila y me sentía emocionado, ya que al estar más cerca, tenías más posibilidades de que el Maestro te recibiera en una entrevista personal, algo que ocurría sólo una vez por día.

"El Maestro seleccionaba entre las cinco mil personas a unas seis o siete para darles un mensaje personal o materializar algún elemento que simbolizaba un mensaje divino para alguno de los presentes.

"Los fieles llevaban cartas para que él las leyera y creían que cada carta leída por él recibiría una bendición, y así el Maestro produciría un milagro.

"Yo también llevaba mis cartas, aunque ahora entiendo que no tenía grandes problemas, además de la culpa por haberme separado de mi pareja, de sentirme vacío y de no saber cuál era mi misión en la vida.

"Viéndolo desde aquí, veo con mayor claridad que en verdad no tenía grandes problemas, comparados con los de los demás, sin embargo, en ese momento sí representaban grandes dificultades para mí, y me resultaba difícil encontrar la salida.

"Cuando el Maestro pasaba, yo pedí que me mirara, que me diera una señal, una sola me dejaría feliz, pero cuando caminó frente a mí, cerró los ojos... ahora puedo entender que fue porque mi pedido había sido hecho por ego.

"El Maestro o avatar, como también se le conocía, era un hombre de estatura baja y piel morena, tenía su cabello estilo afro. Parecía salido de una banda pop de los ochenta.

"Yo observaba sus manos, que eran muy pequeñas. Vestía una manta color naranja, su mirada era tierna, su sonrisa enorme y miraba a cada persona con unos ojos llenos de amor.

"Siempre se quedaba más tiempo observando a los hombres, porque él decía que los hombres necesitaban mucha más atención que las mujeres, porque ellas solían hablar más de sus problemas y, al compartirlos y llorar juntas, contaban con más recursos para sanarse entre ellas. En cambio, el hombre necesitaba mucha más ayuda y protección.

"Se supone que él leía todas las cartas, pero yo creo que, salvo que sus poderes sobrehumanos le permitieran una lectura con una velocidad mayor que la de la luz, habría sido imposible que pudiera leer más de quince mil cartas por día.

"Así que el Maestro las recogía y un servo las cargaba.

—¿Qué es un servo? —preguntó Camila.

—Servo, así se les llama a quienes sirven al Maestro en sus labores diarias. Tiene un séquito de servos que son bastante celosos de su trabajo.

"Yo imaginaba que siempre querían estar con él, recuerda que en el camino espiritual es donde hay más celo, así que ellos no dejaban que te acercaras al Maestro, pero eso ocurre casi con la mayoría de los gurús o líderes, en todo tipo de religión.

"En realidad, es un tema de exclusividad, tal como pasa con las parejas, cuando uno no quiere que nadie más mire a quien está contigo. Incluso te diría, Camila, que el amor de pareja podría reemplazarse con el amor por la espiritualidad, con una religión, con un maestro o simplemente con una misión o pasión en tu vida, tal vez con un instrumento musical o el baile.

Camila se puso triste al escuchar a Francesco decir que él creía que se podría suplantar el amor tan fácilmente. Ella no estaba de acuerdo, pues el amor no es cosa fácil, pero prefirió no interrumpir a su amor en ese instante.

—En fin, ahí estaban los servos para cuidar a su Maestro celosamente.

"Al fin, cuando una persona era elegida, era conducida al cuarto donde compartiría con otras más una charla íntima con el avatar.

"A todos los que recibían esa bendición les temblaban las piernas de emoción cuando el Maestro se les acercaba, hasta el extremo de sentir que estaban a punto de desmayarse. Tener ese privilegio era algo tan sagrado que no se podría describir con palabras.

"El Maestro les hablaba con un amor entrañable y les daba mensajes profundos y certeros en todos los sentidos. Y los fieles, al poco tiempo de haber recibido los mensajes, tenían un cambio radical de vida.

"A mí me tocó estar justo el día de su cumpleaños, así que había personas que le cantaban mantras con amor. Yo observaba todo con la esperanza de que me recibiera en algún momento.

"Cuando volví a estar en la segunda fila y tuve oportunidad de entregarle mis cartas, me di cuenta de que las había olvidado en la habitación, así que pensé que nunca más podría entregárselas, sobre todo porque sabía que ya no tendría los beneficios de ser piloto en la aerolínea.

Camila volvió a interrumpirlo para decirle que era bastante negativo pensar de esa forma, considerando que Italia, donde él residía en esa vida, no estaba tan lejos de la India.

—Todo es lejos cuando no tienes dinero —insistió Francesco.

—Pero si pensabas así es porque eras muy negativo.

—Sí —replicó Francesco, mientras reía—, mi alma siempre fue negativa en la Tierra.

"Mientras yo pensaba todo eso, el Maestro me mandó llamar y yo estaba temblando de la emoción.

"Cuando llegué, él me miró y me dijo: 'Sé quién eres, de dónde vienes. Sé que no has pasado por la ley del olvido y también sé que sientes que no encajas en esta Tierra, así que quiero que te quedes conmigo. Eres el ser ideal para que me ayudes, eres bueno, dócil y conveniente. Te necesito para que me ayudes a leer mis cartas y con los milagros que deseo hacer para mis fieles. Necesito que me ayudes con las bendiciones que ofrezco para sanar'.

"*No puede ser*, pensé en esos momentos. *No soy nadie para recibir este honor. Soy un pobre hombre que se equivoca todos los días.*

"El Maestro sabía muy bien lo que estaba pensando y movió la cabeza para un lado y otro, negando.

"Entonces, me dijo que no era así, que con el tiempo yo sería un gran guía y que había sido enviado a ese planeta para realizar una gran obra. De pronto, el avatar recogió una de las mangas de su manta y realizó unos movimientos con la mano hasta que materializó de la nada un hermoso anillo de oro cubierto de rubíes, me lo puso en el dedo y me dijo: 'Recuerda que los milagros y las coincidencias son las únicas cosas coherentes de la vida'.

Francesco continuó contando:

—Mi emoción era tan grande, que no podía creer lo que me estaba pasando. Tenía una inmensa sensación de renacimiento, pero a la vez me sentía confundido, porque no tenía muy claro qué era lo que yo quería que hiciera por él y, además, me preguntaba por qué me lo pedía a mí, si tenía tantos servos.

"Sin embargo, si algo era cierto es que no me sentía especial, porque eso habría sido soberbia, pero sí diferente. Recordaba toda mi vida en el Cielo y no había conocido a nadie que me contara que le hubiera pasado lo mismo que a mí.

"Era consciente de que estaba recibiendo el mayor honor que recibe una persona en la vida, aunque hubiera querido que el Maestro me contara con lujo de detalles lo que esperaba de mí.

"Sé que no lo pensé cuando dije que sí estaba dispuesto a ayudarlo con su misión, pero no dudé en que a partir de ese instante también sería mi misión.

"Decidí contarle a mi familia mi experiencia con el Maestro y que había perdido mi pasaje de regreso, pero sentía tanta alegría que nunca tuve en cuenta la reacción que tendrían. Mi madre pensó que estaba loco, mi exesposa y mis hijos no entendían nada, pero tenían razón en molestarse porque, aunque les dije que sólo sería por algunos días, tal vez un mes, jamás me imaginé que sería para toda la vida.

Camila escuchaba el relato de Francesco totalmente absorta. De pronto, ella lo interrumpió porque quería decirle que tenía más apetito y se había terminado el maná que llevaba.

En ese instante, Francesco le dijo que ya había comido bastante.

—¿Cómo sabes lo que quería, si no te dije nada? —preguntó Camila.

Yohana García

—Porque también sé leer la mente, sólo que no siempre logro hacerlo bien —añadió Francesco, risueño.

Camila le devolvió la sonrisa, pero como quería seguir escuchando la historia, prefirió esperar a que su ansiedad por maná se le pasara.

Entonces, Francesco le dijo:

—Ve y trae, por favor, unos jugos de jengibre, porque tengo la boca seca de tanto hablar.

Camila literalmente se fue volando y regresó con los juegos, el maná preferido de Francesco, dulces del Cielo y chocolates con forma de corazón.

En cuanto él la vio llegar, cargada con golosinas celestiales, se alegró y le dijo:

—Mil gracias por todo lo que me trajiste, tanto a mí como a mi ser interior del pasado.

Camila rio de lo que pensó que era un chiste.

—No estoy bromeando —explicó Francesco—, te estoy agradeciendo porque todas las partes de mi corazón y de mi alma están felices por este gran regalo de estar contigo y porque me da gusto poder compartirte esta historia. Aunque tú ya la conocías, no la puedes recordar.

Camila sacó los vasos de su manta y sirvió jugo de jengibre para los dos, y enseguida le pidió que le siguiera contando.

Francesco continuó con el relato:

—Después, seguí con la rutina de siempre: nos levantábamos a las cinco de la mañana para seguir al grupo de gente que se incorporaba cantando el mantra sagrado del "om", y al final entraba a todos los *darshan* de la mañana y de la tarde. El ashram era limpiado todas las mañanas con alcanfor... creo que es la esencia que elimina las energías negativas y deja que una especie de energía sagrada invada el aire.

"El Maestro tenía un elefante que lo llevaba hasta la puerta y lo esperaba hasta que él saliera. Y los devotos dejábamos los zapatos afuera, bajo un árbol, y muchas veces nos íbamos sin zapatos, ya que alguien más se los había llevado puestos. Esa parte era divertida, aunque a veces me enojaba porque tenía que regresar descalzo y me quemaba los pies con el suelo caliente.

Francesco volteó a ver a Camila e insistió en que los dos habían estado ahí, pero cuando ella hacía esfuerzos para recordar, sentía un malestar terrible, así que él la tranquilizó diciéndole que no se angustiara, que más adelante volverían a hablar sobre el tema de su memoria.

Camila volvió a pedirle a Francesco que continuara. Él parecía estar en un trance.

—Ahora te platicaré sobre el lugar: el ashram está en una pequeña ciudad con calles asfaltadas, con departamentos iguales por fuera y por dentro. Las personas que van de visita se hospedan en una especie de condominio, en departamentos que tienen un baño sin agua caliente, sin clóset, sólo algunas cuerdas en el techo para colgar la ropa. No se puede fumar ni tomar alcohol, y no hay agua potable, sólo puedes encontrarla en unos filtros gigantes instalados cada diez cuadras.

"Dentro de la ciudad hay una librería y un restaurante, aunque la mayoría de la gente se reúne en el comedor del ashram para compartir su desayuno o merienda, pues sólo hay dos comidas al día. Yo recuerdo haber comido todos los días arroz con leche.

"En las tardes nos reuníamos en unos callejones dentro

del ashram para cantar mantras, que son frases o palabras que se recitan como apoyo para meditar o invocar alguna divinidad. Recuerdo que era hermoso escucharlos y tengo muy presente en particular el mantra *Gayatri*, que es una de las oraciones más reverenciadas y poderosas, atribuida al sabio Vishmamitra. Se recita momentos antes del amanecer o durante el atardecer, y puede ayudar a quien lo practica regularmente a deshacerse de pensamientos negativos y llenar la vida de alegría y positivismo.

"En esas noches, me encantaba ver la luna en la India, e ilusionarme con volver a estar enamorado. Me preguntaba qué hubiera pasado si me hubiera casado con alguna de mis anteriores novias, pero estaba seguro de que volvería a disfrutar del amor de pareja en algún momento.

"Siempre me sentí frustrado en los temas del amor, siempre fue una gran asignatura pendiente para mí.

"Recuerdo que había conocido a una chica en el aeropuerto cuando viajaba a la India, y había sentido un flechazo muy fuerte por ella.

Camila, al escuchar esa parte, se sintió un poco celosa, pero no quería interrumpirlo... aunque al final pudo más su curiosidad y preguntó:

—¿Crees que pudo haber sido tu alma gemela?

—Seguramente sí —contestó Francesco.

En ese momento, Camila pensó que entonces ella no era su alma gemela, porque si así fuera, aunque no pudiera recordar todas sus vidas pasadas, ella tendría que estar segura.

Francesco siguió hablando, y se dio cuenta de que en realidad lo hacía por él, más que por querer contárselo a Camila o para que ella lo recordara.

—Sabía que mi pasado amoroso no había sido bueno, que mi alma añoraba un gran amor que me hiciera sentir mariposas en el estómago. Todas las noches trataba de salir para poder observar la enorme luna llena y cuando la veía le decía: "Ojalá puedas verme alguna vez vivir un gran amor".

"Claro que todo eso fue antes de que me hablara el Maestro, porque después del encuentro con él, la ilusión de tener una nueva pareja se borró por completo. Mi necesidad de compartir mis días con una mujer había cambiado. Aunque nunca fui un mujeriego, no me enamoraba fácilmente, pero cuando lo hacía, era de verdad, casi nunca tenía suerte y, entonces, sufría.

"Recuerda que yo me había casado sin estar enamorado, mi esposa había quedado embarazada y me quedé con ella por mis hijos. Con el paso del tiempo, me di cuenta de que sentía un gran cariño por ella, pero no amor. Nunca compartimos los mismos puntos de vista, lo que confirmaba mi teoría de que los opuestos no se atraen, eso es una gran mentira. Quien no comparte lo que al otro le gusta, no respeta ni ama a esa persona.

"Me separé unos años antes de mi viaje a la India, y ya no creía en el amor, pero sí estaba seguro de que mi alma gemela estaba en algún lugar. No podía quitarme de la cabeza el encuentro con esa chica en el aeropuerto.

"Después de casi dos meses de que el Maestro me pidió que me quedara con él, aún no había tenido noticias de él. Quería acercarme, pero era imposible. Y cuando intentaba hablar con los servos, no me prestaban atención. Yo me sentía desesperado porque mis hijos, mi exesposa y mi madre me estaban presionando para que regresara.

"Es cierto que cuando comienza el camino espiritual, la familia y los seres cercanos se incomodan. En el caso de mi familia, siempre pensaron que estaba loco porque era diferente a ellos... y la verdad es que yo me sentía más loco cuando me parecía a ellos.

Camila había permanecido callada durante el relato, pero al escuchar esas palabras lanzó una carcajada. Le dijo entonces que acababa de recordar algo de su vida pasada: Hubo un tiempo en que ella no creía en la vida espiritual, maestros o avatares, pensaba que toda esa gente era embaucadora, hasta que un día pasó por una depresión, ella creía que era por un mal de amores.

—Estaba tan desesperada que acudí a una amiga que se dedicaba a impartir un curso de milagros, aunque en ese momento yo pensaba que estaba loca. Por eso me da risa cuando dices que el loco es el cuerdo y el cuerdo es el loco. O que de cuerdo y de loco, todos tenemos un poco.

"Pienso, por ejemplo, en la madre que tuvo un hijo que estudió y creció en un ambiente normal, pero de buenas a primeras se convierte en un Maestro espiritual y decide quedarse en la India. Para ella puede ser una amenaza cualquier religión, curso o historia que te haga crecer. Tal vez, en el fondo, sea el miedo a perderte.

—Sí, es cierto —añadió Francesco—. Pero al final, cuando te tienen que perder te pierden, sea por un camino espiritual o por mil motivos distintos. Recuerda que ni Buda ni Jesús anduvieron con sus familias a cuestas. Los grandes maestros se alejan de su familia para crecer, porque los apegos no permiten crecer en lo espiritual.

"En realidad, si alguien debe convertirse en un servidor de la humanidad construirá una familia espiritual, y esa familia puede llegar a ser más grande y fuerte que la de sangre.

Camila lo interrumpió en ese momento, para decir que no estaba de acuerdo y añadió:

—No siempre ocurre así porque esos adeptos, seguidores, alumnos, o como quiera que se les llame, no van a estar en los momentos malos, como en una enfermedad. En esos momentos, sólo tendrás a tu familia.

—Pero, Camila, no debes pensar así, no puedes pensar que la familia sólo existe para los momentos malos, también tendría que estar para los buenos.

—De acuerdo, sí, están en los buenos momentos, aunque siempre están más unidos cuando deben cuidar a alguien en el hospital o cuando alguien necesita apoyo emocional o económico.

"Pero tienes razón, todos tenemos diferentes puntos de vista.

Francesco insistió en que creía que las familias espirituales son más sanas y más amorosas, y que los lazos afectivos en la familia de sangre son más complicados.

—Ahora se me ocurre que tal vez te costaba más enfrentar a tu familia que a los extraños que ayudabas —replicó Camila.

—Nunca lo había visto de esa forma, pero creo que tienes razón... Era más fácil establecer un lazo con los desconocidos que tener que dar la cara a los míos. Y tal vez vivir de esa manera haya sido un acto de cobardía.

"A pesar de todo, siempre he considerado que la familia es la base de un país y de un mejor planeta. Si todos fuéramos más unidos, sería más fácil ayudar a los que no tienen una familia. Por cierto, alguna vez leí que el primer significado de la palabra familia era el conjunto de esclavos —concluyó Francesco.

En ese momento, Camila comenzó a tener algunos destellos de una de sus vidas pasadas, pero debido a los comentarios de Francesco, la hicieron sentir un poco incómoda. Se veía a sí misma muy normal y participativa en sus afectos tanto con sus amigos como con las personas de su entorno social. Siempre había sido muy apegada a su familia, sin cuestionarse nunca nada al respecto.

—Francesco, perdona que te interrumpa, pero necesito decirte algo.

—Adelante, Camila.

—Me están llegando bastantes recuerdos de mi vida pasada y, por lo que puedo entender, yo tuve una vida sencilla y hasta rutinaria, y al escucharte hablar sobre la tuya, al conocer todo esto, me siento pequeña. ¿Es normal?

—Mira, en el mundo hay personas con vidas ordinarias, y con esto me refiero a vidas rutinarias, y personas con vidas extraordinarias, o sea, fuera de lo común. Pero, entonces, ¿quieres decir que tú nunca te sentiste diferente al resto de la gente?

—No, yo no, ¿tú sí?

—Yo sí, así es. Y creo que un gran porcentaje de los seres humanos se sienten diferentes al resto.

"Tu vida pudo haber sido común, pero tú fuiste fuera de lo común por haber creído que eras normal.

Camila soltó una carcajada. A pesar de que no entendía mucho de lo que le explicaba su amor, le dijo a Francesco que comprendía sus puntos de vista y que deseaba seguir escuchándolo.

Francesco retomó la conversación diciéndole:

—Camila, muchas veces debemos tomar decisiones en situaciones que no tienen salida, o podemos sentir que nos encontramos entre la espada y la pared, sin embargo, en algún momento aparece la salida y se convierte en una solución mágica. Es cuando nos damos cuenta de que, en realidad, siempre había estado ahí. En otras ocasiones tenemos miedo de que esa solución no nos guste y otras veces tan sólo estamos esperando que las cosas se acomoden sin más, como por arte de magia.

"Regresando al tema de la India, yo me di cuenta de que nunca podría convencer a mi familia de que era bueno para mí quedarme con el Maestro, así que no había salida, debía hacer lo que mi corazón me aconsejaba, o no volvería a tener jamás otra oportunidad.

"Durante ese tiempo, estuve muerto de miedo... sabía que el Maestro tardaría en volver a recibirme, pero jamás pensé que pasarían tres meses. Seguía yendo al ashram todos los días y cada vez que pasaba cerca de mí, parecía no verme, aunque varias veces me tocó estar en las filas cercanas al Maestro. Hubo algunos días en que me sentía entusiasmado y otros en los que me desesperaba y tenía ganas de salir corriendo. Mi mente loca saltaba como un mono de rama en rama, entre recuerdos, soledad y miedo al futuro. Mi alma intuía que esto iba a ser un parteaguas en mi vida, pero que no iba a ser nada fácil.

"Nunca pude soñar con el Maestro en ese tiempo de espera, por más que me esforcé, porque es cierto que cuando uno se empeña con desesperación y demasiadas expectativas, jamás surtirá efecto.

Camila permanecía en silencio, escuchando atentamente a su alma gemela, pero de pronto llegó a su cabeza otra pregunta y decidió que si no la hacía en ese momento la olvidaría, así que le preguntó a Francesco si podía interrumpirlo otra vez.

—Claro, Camila, sabes que siempre estoy abierto a tus observaciones y dudas —contestó Francesco, emocionado.

—Francesco, ¿por qué hay personas que no pueden soñar a quienes ya han partido?

—Es porque ellos sienten culpa. Las culpas no los dejan soñar. El hecho de poder tener ese contacto sería una bendición y un regalo que creen no merecer, por eso no pueden ni podrán soñarlos nunca, a menos que cambien la culpa por agradecimiento.

"Puede ser culpa de no haber hecho más por el que se fue, por el que se amaba, pero el agradecimiento es la energía contraria que los llevaría a soñarlos todos los días. El agradecimiento de haber coincidido en esa vida, de haberse podido encontrar, ese mágico sentimiento es la base del amor y la liberación.

"Aquí, en el Cielo, todos nos podemos comunicar con todos, pero si quieres saber más sobre lo que ocurre con los humanos, puedo llevarte al cielo de los sueños.

—Qué interesante, pero ¿qué tipo de sueños existen ahí? —preguntó Camila.

—Sueños de amores y desamores. Uno de estos días te llevaré a dar un paseo, claro, siempre y cuando tu agenda te lo permita.

—¿Agenda? ¡Yo no tengo agenda! —exclamó Camila—. ¿Quieres decir que existe una agenda para el Cielo?

—No, no existe, pero tú y yo podríamos hacerla.

—Mejor dejo que me sigas contando y después veremos lo que haremos con nuestra vida aquí.

—O allá —dijo Francesco

—De acuerdo —contestó Camila, ilusionada.

Francesco volvió a su historia:

—Cuando en un *darshan* en el que ya había perdido las esperanzas de que el Maestro me contactara, un servo me llamó, me levanté rápidamente y fui corriendo a la habitación donde el Maestro estaba reuniendo a la gente.

"Cuando lo vi, estuve a punto de desmayarme de la emoción. Él se me acercó y yo le besé los pies, entonces él me miró, me sonrió y me dijo que por fin había llegado el día tan esperado. Enseguida, y delante de toda la gente, me reiteró que quería que yo fuera su mano derecha. ¡Imagínate, Camila! Yo que no era nadie, que no sabía hacer nada, no podía creer el gran honor que estaba recibiendo.

"El Maestro me aclaró que poco a poco iríamos viendo cuáles serían mis labores y me dijo que podía ver en mi mirada que era un ser con una inmensa luz, que quería compartir conmigo las experiencias en ese plano y que era muy importante que no hubiera pasado por la ley del olvido.

"Durante el tiempo que pasé con él, me enseñó a relajar mi mente y a practicar regresiones, para poder compartirle mis experiencias en el Cielo. A su vez, él me contaba cómo era su camino para trascender, y así pude darme cuenta de que los dos nos necesitábamos.

"En el primer día 'de trabajo', podría decirse, me comentó algo así:

"'Agustín, tú no pasaste por la ley del olvido para poder estar conmigo, no fue por otra razón'.

"'Maestro, yo no tuve una vida normal, siempre me sentí fuera de lugar, no me entendía con el resto de la gente', le respondí.

"'Te entiendo perfectamente', contestó el Maestro. 'Las personas que tienen una misión en el mundo espiritual no van a ser entendidas en la Tierra, pero necesitamos muchas personas así. De otra forma, ¿cómo crees que conseguiremos maestros en este mundo? Buda y Jesús fueron personas que sabían que no eran normales y nunca renegaron de su misión. Ellos sabían muy bien para qué habían sido llamados'.

"'El dilema contigo es que tú sabes que eres especial, pero has renegado de ese destino, has tenido miedo. Has dudado de los designios divinos. Cuando una persona no encaja en este mundo, no tiene que dudar ni tiene que desesperarse si no encuentra su misión, porque algún día aparecerá. No hay edad para que ésta se haga presente, puede ser a los cuarenta, a los cincuenta o a los setenta años. Eso no importa'.

"'Si alguien no encaja en este mundo, en algún momento entenderá y sabrá la razón. No hay ninguna necesidad de sufrir tanto'.

"'Ahora que te escucho hablar con tanta seguridad de la misión de vida, tengo una duda: ¿puede ser que una persona crea tener una misión y luego se dé cuenta de que sólo era una equivocación?'

"'No creo que una persona que siga el camino espiritual pueda estar equivocada', me contestó el Maestro.

"'Es cierto, pero hay personas que entran a alguna secta y después se dan cuenta de que fue una equivocación', le insistí.

"'Pero, Agustín, una secta no es un camino espiritual. Y si alguien decidió estar con esa gente en ese momento, fue porque creía que podía ser su salvación. Yo seguiré sosteniendo que todo ocurre en el momento perfecto'.

Francesco volteó a ver a Camila y le dijo:

—¿Sabes, Camila? Yo intuía que esto era lo que tenía que hacer, porque nadie sueña con un gran maestro tan sólo porque sí, creo que todos los sueños tienen una razón. Había soñado que estaba con él y que me decía que yo estaba destinado a estar cerca de él. Me sentía feliz, pero cuando vi transcurrir el tiempo desde nuestro primer encuentro sin que hubiera nada más, comencé a dudar y desesperarme. A pesar de que sabía que no había ninguna necesidad de que me mintiera o que se hubiera olvidado de mí.

"A veces dudamos hasta de las cosas más grandes y maravillosas que nos suceden.

—¿Y qué pasó? Cuéntame qué pasó después, estoy ansiosa por saberlo —exclamó Camila emocionada.

Francesco continuó con el relato:

—Uno de los primeros días me invitó a subirme al elefante y recorrimos los alrededores. Fue una experiencia maravillosa. Otro día lo acompañé al hospital en un auto Ferrari que le habían regalado y le pregunté qué decía la gente de que un maestro espiritual se paseara en un auto así. Me contestó que lo que se regala se transmuta. Así había construido el hospital: con los donativos que le daban.

"En ese momento también quería hacer algo con las napas del sur de India, porque la gente tenía los huesos deformados por culpa de las aguas contaminadas con un exceso de flúor.

—Ahora que hablas del flúor, Francesco, me acabo de acordar de que en el hospital de terapias alternativas en el que yo trabajaba, decían que el flúor era algo pernicioso para la glándula pineal. Y aquí sabemos muy bien que esa glándula funciona también como una antena para conectarnos con el Cielo.

—Camila, me da gusto saber que tu memoria sobre tu vida anterior va mejorando —dijo Francesco con emoción.

—Sí, estoy feliz porque, a medida que vas hablando, me van llegando más recuerdos. También creo que esa meditación que me enseñaste ha hecho maravillas en mí.

—Ahora que me estás contando tus memorias, creo que te puedo enseñar un mantra para que se abran todos tus canales y mandes prosperidad a los seres que recuerdes haber amado en la Tierra.

—¿Y cuál es ese mantra?

—Ya te lo enseñaré después, ahora no quisiera salirme del tema.

—Cada vez que se interrumpe lo que me estás contando, pienso que es como el cuento de las mil y una noches —dijo Camila, muerta de risa—. Bueno, ya, en serio, sigue con tu relato.

—Ya lo pensé mejor y, para que no te enojes, te diré el mantra. ¿Sabes cómo se cantan?

—No, pero me imagino que será igual que cualquier otra canción.

—No, Cami, en el mantra, la base es la respiración, la conexión con tu plexo solar. ¿Quieres que lo practiquemos?

—¡Sí! ¡Por favor, enséñame a cantar!

—De acuerdo. Cierra los ojos, llena tu panza de aire, inhala y saca una sílaba: *Om*. Cuando exhales, el *Om* tiene que retumbar en tu cuerpo, luego cierras un poco los labios y haces que retumbe en tu garganta.

”Ya que lo logres, vuelves a hacer lo mismo.

”Y después, repites conmigo lo siguiente:

om
bur buváj suáj
tat savitúr váreniam
bargo devásia dímaji
díio io naj prachodáiat

"Te diré ahora lo que significa en español:

Tierra, Cielo y Paraíso
ese dios del sol adorable,
en su luz de dios medito;
meditando en aquél,
nosotros nos entusiasmamos.

"Ahora que has cantado el mantra, permite que la energía del amor y la paz y el conocimiento baje hacia ti. Cuando puedas abrir los ojos, dime cómo te sientes.

Camila abrió los ojos un instante después. Se sentía totalmente en paz y dijo:

—Me siento más liviana.

—Justo de eso se trata. Ahora que eres un espíritu y estás más liviana, debes sentirte como una pluma.

Camila le regaló a Francesco una sonrisa pícara y un abrazo, como muestra de su agradecimiento. Así, Francesco retomó el relato:

—Imagínate que en el ashram recibíamos alrededor de cincuenta mil cartas al día, pues cada día llegaban cinco mil personas y cada una llevaba diez cartas en promedio. Sin embargo, el Maestro sólo recogía trescientas, ponía las manos sobre ellas, leía en segundos lo que pedían, cerraba los ojos y decía unas palabras mientras dibujaba con las manos la forma del infinito. Varias veces le pregunté qué significaba, pero nunca me respondió, hasta que llegó el último día, y entonces me reveló el secreto.

—¿Y tú puedes compartir conmigo ese secreto? —preguntó Camila.

—No, Camila. Sí puedo enseñarte más cosas, pero será paso a paso y en su momento, tal como el Maestro lo hizo conmigo.

"Lo que sí te puedo contar ahora es que de vez en cuanto él se sentaba debajo del Árbol de los Deseos y abría dos o tres cartas. Después de leerlas, solía decir: 'Este problema se arregla de tal manera', en otras ocasiones, me decía: 'Es el karma de esta persona y en algún momento tendrá todo lo que desea, sólo es cuestión de que sepa esperar'. Y en algunas otras, me daba la receta para solucionar algún problema.

—¿Y de qué podría servirte saber cómo solucionar algo si no tenías poderes, o cómo sabría la persona que se lo habían solucionado?

—Porque imagino que la persona tendría que ver soluciones en un corto tiempo.

"Camila, lo que aprendí fue que lo mejor que podía pedir una persona es tener sabiduría, más que pedir por pedir, porque con sabiduría todo se soluciona —contestó Francesco.

—Creo que es infinito el conocimiento que adquiriste durante tu estancia con el Maestro, pero me gustaría que pudieras compartir conmigo más detalles —insistió Camila.

—Si no te molesta que nos quedemos una eternidad sobre las nubes, lo puedo hacer, las historias son infinitas.

"Sin embargo, ahora estoy tratando de contarte lo que sentía cada día, al estar ahí, cerca del Maestro, pues me da un placer inmenso recordarlo. Yo podía acompañarlo en sus palabras y en sus silencios, porque compartir los silencios también es importante para comprendernos.

—Tienes razón, Francesco, a veces los silencios pueden significar incluso más que las palabras —dijo Camila, entusiasmada por la charla—. Pero también las palabras son importantes, por algo se dice que son como un espejo que revela nuestro interior.

Francesco añadió que él creía que, lamentablemente, a veces parecía que las acciones se las llevaba el viento, más que a las palabras.

Camila contestó que no estaba de acuerdo, que él estaba equivocado, pues las acciones siempre han sido más importantes que las palabras.

Francesco le dijo que no quería debatir, porque terminaría siendo como discutir qué era más importante: el huevo o la gallina. Le dijo que, en cambio, quería hablarle de otro valor muy grande: la congruencia.

—Ser congruente tiene que ver con ser totalmente coherente entre lo que se piensa y se hace. Y quien practica esas virtudes reflejará el carisma de un líder y la luz de un maestro.

Porque quien dice una cosa y hace otra, puede prometer, pero no cumplir. Porque quien promete tiene una gran imaginación, y el que cumple, un gran corazón.

Camila lo escuchó con atención y añadió:

—A mí me gustaría tener la misma memoria que tú tienes para recordar todo lo que ha sido importante en algún momento de mis vidas.

—Entonces, Cami, te propongo que cada uno de nosotros tratemos de recordar lo que hemos vivido y hagamos un plan para poder compartir más vidas en el futuro.

—Pero ¿cómo vamos a hacer un plan, si Dios es quien determina los planes? Y recuerda que sus planes nunca tienen que ver con los nuestros, que nosotros ponemos en marcha ideas, situaciones y cosas, pero Él hace lo que quiere.

"Por cierto, la próxima vez que veas a Dios, podrías pedirle que me haga más inteligente, para reconocer cuáles son mis tiempos, y más paciente, para saber esperar los de Él.

—Mejor díselo tú, Dios te sabrá entender. Él te dará la libertad de ser tú misma quien tome todas las herramientas y cualidades para ser feliz en cada vida que te toque vivir.

Paseo por los cielos

Los días transcurrían, y Camila y Francesco seguían descubriendo lugares maravillosos en el Cielo.

Una tarde fueron al cielo de los sueños y ahí se dieron cuenta de que los seres humanos llamaban a ese cielo "el campo cuántico". Ellos creían en él como una especie de energía invisible que habitaba en el universo y creían que con una petición emitida desde el corazón, las cosas buenas iban hacia ellos.

En realidad, era un cielo lleno de herraduras flotantes que tenían, como cualquier herradura, un campo magnético. Cada una de ellas tenía una inscripción sobre un deseo y cuando una persona en la Tierra soñaba con ese deseo, la herradura en cuestión giraba y desprendía cierta inteligencia universal que llegaba hasta la persona y la encaminaba a concretar sus sueños. Sin duda, ese campo cuántico o cielo de los sueños era muy activo.

En la puerta de este cielo, los recibió la Diosa Fortuna, una diosa griega de la antigüedad que representaba la suerte, el azar o el destino, quien también controlaba el oráculo y era la encargada de llevar el elíxir de la juventud a los dioses.

En cuanto Camila la vio, le llamó la atención su belleza. Como no la conocía, se acercó a Francesco para preguntarle al oído quién era ella.

—Es la Diosa Fortuna y tiene una historia muy interesante. ¿Quieres que te la cuente?

—Sí, por favor, cuéntame lo que sepas de ella.

—La Diosa Fortuna vivía en Delfos y una mañana se levantó para ir a buscar el elíxir de la juventud para que los dioses pudieran beber de él, pero un pescador la tomó de las trenzas y la atrapó en la red que usaba para pescar.

"Ella escapó como pudo y entonces, cuando regresó asustada a Delfos y contó lo sucedido, le dieron un gran consejo: 'No pases dos veces por el mismo lugar, vuélvete escurridiza y arisca'. Ella así lo hizo y es por eso que la suerte no se logra dos veces.

Camila se quedó pensando en cuánta razón tenían las historias sobre los dioses en todas las culturas o religiones.

Días después, durante otra cálida tarde, Francesco le comentó a Camila que había un lugar llamado el cielo de los suspiros y que tal vez a ella le interesaría mucho visitarlo.

A Camila le pareció extraño y preguntó por qué creía él que ella estaría interesada en conocer ese lugar.

—Bueno, tú suspiras cada vez que algo te angustia y los ángeles dicen que los suspiros vienen del alma y que tienen que ver con algún tipo de sanación que cada persona necesita.

—¿Y tú crees que tengo algo que sanar? —preguntó Camila, intrigada.

—Por la historia que me contaste de cómo murió tu perrita, veo que todavía sufres al recordarla. No has podido soltar el dolor y la nostalgia, aun cuando estás en el Cielo y se supone que tendrías que estar feliz. Por eso me parece que tendrías que conocer ese cielo.

—Vamos entonces, Francesco, ¿tú sabes dónde está?

—Sí, yo te llevaré, ese lugar queda detrás del arcoíris. Tendremos que pedir permiso porque no cualquiera puede entrar.

—¿Y por qué es tan sagrado el cielo de unos cuantos suspiros?

—Es un lugar sagrado porque los suspiros están relacionados con el alma de las personas, es una forma de comunicación con Dios y con los ángeles.

—Entonces, vayamos. ¿Qué te parece si llevo mi abrigo de plumas de pavorreal? Parece que pasaremos ahí un largo rato y seguramente hará frío.

Francesco no entendía por qué Camila decía eso.

—¿Estás hablando en serio? ¿Cómo crees que le vas a quitar las plumas a los pavorreales? Ni aquí ni en la Tierra se debe lastimar a los animales, no te permitirán hacerlo.

—Calma, Francesco, cada que ellos pasan cerca de mí, cuando paseo sobre las nubes, me las regalan, así que las junté, me hice un abrigo y hoy quiero usarlo, para presumirlo.

—En verdad que estás loca, ¿cómo vas a presumir con las plumas de un pájaro?

—No, no es un pájaro, es un ave.

—Pues sí, tienes razón, me equivoqué —contestó Francesco sin poder contener la risa—. Está bien, entonces ve a buscar tu abrigo y aprovechemos que a esta hora el Cielo todavía tiene encendidas las luces neón, porque tendremos que pasar detrás del arcoíris.

Y así fue como Camila y Francesco llegaron al cielo de los suspiros.

En la puerta de este cielo estaba la reina de los suspiros: la diosa Atenea.

—¿Qué hace la diosa Atenea en la puerta del cielo de los suspiros? —preguntó Camila.

—No lo sé —contestó Francesco—. Ella es una diosa con un carácter muy especial.

—Creo que todos llegamos al Cielo con el mismo carácter que cuando vivíamos, parece que no cambiamos, aunque se supone que deberíamos crecer y evolucionar. ¿No es así? —cuestionó Camila.

—No siempre. Existen espíritus que se transforman y otros no, no todo el mundo crece.

Camila presentó sus saludos de manera un poco fría, a la diosa Atenea. Enseguida, le preguntó a Francesco al oído:

—¿Por qué está tan enojada? Creía que los dioses no se enojaban, ¿estaba equivocada?

—No lo sé, quizá como buenos dioses que son, pueden tener el carácter que deseen y hasta pueden suspirar cuando quieran.

"Pero ahora te quiero contar un poco más sobre ella.

"En la antigua Grecia, la diosa Atenea representaba la justicia. Casi todos los dioses la amaban, pero como ella era siempre justa y la justicia suele ser muy práctica, a algunos no les simpatizaba porque les parecía muy fría.

—Pero ¿qué hace ella aquí en el Cielo?

—Ella misma pidió estar aquí para enseñarles a los espíritus a ser justos.

—Pero ella es una diosa... no estoy segura de que sepa mucho de espíritus. ¿No sería mejor que un ángel enseñara sobre estos temas?

—Los ángeles no vivieron en la Tierra. Creo que saben más los dioses que alguna vez estuvieron en la Tierra. Además... hoy estás muy preguntona, ¡eh! —le dijo entre risas.

—Pues seguiré de preguntona, como bien dices, así que ahora explícame por qué parece estar tan enojada.

—No está enojada, ella es así. Las personas frías y prácticas parecen enojadas. Las personas cálidas y alegres lucen felices, pero son sólo percepciones.

—Tienes razón, Francesco.

—Siempre tengo razón —respondió él, dándose aires de grandeza.

Camila se quedó pensando, después de recordar algunos pasajes de su vida que llegaron repentinamente a su mente, en lo difícil que resultaba ser justa sin ofender a los otros o sentirse culpable. Se acordó en ese momento de una frase que le decía su madre, cuando consideraba que estaba siendo demasiado condescendiente con alguien: *Es preferible que lloren en la casa del otro que en la tuya.*

Siguieron caminando y se encontraron a muchos seres sentados, suspirando como en un coro: estaban meditando. En cada inspiración y expiración se iban iluminando, primero en forma de niños y, luego, continuaban hasta hacerse adultos, como por arte de magia. Esa transformación ocurría en segundos. También suspiraban espíritus de ancianos, perros y gatos. A Camila, le llamó mucho la atención que también hubiera mascotas en este cielo. Estaba sorprendida.

Francesco conocía perfectamente esta serie de emociones humanas, porque cuando fue el Maestro del Amor había tenido que ayudar a la gente a hacer elecciones relacionadas con el amor, por lo que sabía perfectamente que cada suspiro significaba un recuerdo importante para esa persona.

Cada suspiro era un dolor que se iba y un cambio de karma.

Camila intentó traer a su memoria esos sentimientos

que la habían hecho suspirar y, por lo poco que podía recordar, se dio cuenta de que sus recuerdos estaban retenidos por momentos de una gran nostalgia.

Francesco siguió contándole a Camila, mientras iban recorriendo el cielo, sobre esas sensaciones maravillosas que experimentaba ahora siendo un alma.

Entonces, llegaron a un mar que había en ese cielo. Camila se sentó en una piedra, recordó la meditación que Francesco le había enseñado y le dijo:

—Por favor, dame un momento, quiero hacer mi meditación a solas.

Francesco asintió y se alejó unos metros, ella cerró los ojos y empezó a respirar profundamente.

Camila buscó dentro de su memoria la época en que más había suspirado, en la cual había tenido más ilusiones. Trató de relajarse lo más que pudo y en ese momento recordó perfectamente que su mejor época de suspiros había sido cuando estaba enamorada de Francesco. Ella estaba admirada de poder recordar eso.

Después, pudo rememorar la vida en que Francesco se llamaba Agustín. Recordó que cuando ella lo conoció, había terminado con su esposo unos pocos meses antes y tenía un dolor en el alma que no la dejaba respirar.

De pronto, llegó un recuerdo hermoso:

Agustín iba a Malasia y ella regresaba del ashram, después de ver a su Maestro espiritual, el mismo que luego también sería Maestro de él. En un aeropuerto repleto de gente, se encontraron mirando las pantallas de los avisos de salidas y llegadas de los vuelos. Recordó que al mirarlo había sentido una gran emoción y, también, que en algún momento Agustín le había contado que él sintió lo mismo.

Ella se atrevió a hablarle y empezó a preguntarle todo lo que se le ocurrió, sin parar de hablar, aunque él nunca se lo pidió. Le contó todo lo que pudo sobre su vida.

En ese momento, ninguno de los dos se animó a preguntarse nada que tuviera que ver con la posibilidad de volverse a encontrar en el futuro.

Así, sin un plan, Agustín sabía que sería imposible que volvieran a verse, salvo que fuera algo fortuito, que el destino así lo quisiera. Y como los dos confiaban en el destino, decidieron dejarlo en sus manos.

Consideraron que quien se tiene que encontrar, se encontrará, y que lo que está escrito, siempre se materializará.

Camila también recordó que después de dos años del encuentro con ese hombre, había tenido un cambio radical, ya no se hacía preguntas sobre el amor, a pesar de que tampoco había podido completar esa historia con Agustín.

Durante esa vida, había sido médica y en ese tiempo llegó un muchacho llamado Damián al hospital. Era budista y tenía veintiún años, lo habían internado por leucemia.

Cuando él se encontraba en su peor momento, un joven alto y rubio lo visitó varias veces entrando por la ventana para preguntarle si estaba listo para partir, pero Camila nunca lo vio, sólo llegó a percibir un fuerte aroma a azahares. Así que le preguntó a Damián qué era ese aroma y él le contó lo que había estado pasando todas las tardes, cuando ella se iba a su casa y él se quedaba allí solo.

Camila llamó a Francesco para compartirle lo que estaba recordando de esa vida.

—"Camila, hay una luz que entra y me da paz. A veces, pensaba que venía a buscarme, pero no me daba miedo. Y un día se presentó un muchacho alto y rubio que no dijo nada, pero en cuanto lo vi supe que se trataba de un Maestro iluminado, como un Jesús o Buda joven", eso fue todo lo que Damián me contó y yo, como médica que era, no quise ahondar más en ese tema.

"De joven había sido un poco agnóstica y no creía en nada más que en la ciencia, aunque después me di cuenta de que ése es y será un grave error para los médicos. El enfermo no es sólo cuerpo, sino un todo: la mente, el espíritu y el cuerpo son uno solo. Con el tiempo, me convertí en una ferviente seguidora de un Maestro en la India.

—¿Y cómo fue que pasaste de ser agnóstica a alguien espiritual? —le preguntó Francesco.

—Después de experimentar varias desilusiones, tuve la necesidad de buscar algo más que lo terrenal.

—¿Por qué no indagaste más acerca de lo que él te contaba?

—Porque sentí que no era el momento de preguntar, no quería que se ilusionara con su sanación. Pero está mal, los médicos cometen el error de desilusionar a sus pacientes porque eso les enseñan en las universidades.

—Tal vez hay alguna materia que dicta: si desilusionas al paciente, tendrás menos posibilidades de que luego te reclame. O podría ser que si lo ilusionan y se sana, los médicos se encontrarían con el riesgo de perder su negocio.

—Algo así, Francesco... No hay una materia como tal, pero es verdad que uno intenta no ilusionarlos para que luego no te acusen de mentiroso.

—Pero igual son unos mentirosos.

—No digas eso, Francesco, porque no es verdad.

—Bueno, no todos... pero algunos sí lo son.

—Es cierto, algunos lo son —dijo Camila molesta—, pero ahora deja que yo te siga contando:

"En esos días, yo me había vuelto muy amiga de mi paciente y le platicaba sobre el Maestro espiritual que había empezado a seguir en la India y en cuanto estuvo completamente sanado, Damián me pidió que lo llevará con él. Después de algunos días, preparamos el viaje y partimos hacia la India.

"Cuando regresé a la India y fui a ver a mi Maestro, para preguntarle si debía retomar el amor o dejarlo para otra vida, me di cuenta de que cuando una persona pide un consejo sobre el amor, es porque el amor ya no está. No se puede pedir consejos a otros sobre el amor que uno siente, porque del verdadero amor no se duda. No hay nadie como uno mismo para interpretar su propia vida.

De pronto, a Camila se le ocurrió pedirle a Francesco que la ayudara para recordar qué era lo que había pasado entre ellos, porque sólo sabía que era su alma gemela.

—Francesco, ayúdame, es importante para mí saber por qué no pude quedarme contigo en la última vida.

—Camila, aunque tu memoria no esté completa, sabes que somos almas gemelas, que me conociste en otras vidas.

—Entonces, volvamos a hacer la meditación de los ochos.

—No son ochos, Camila, son los símbolos del infinito, pero me parece bien que la hagamos, siéntate con la espalda recta sobre la nube rosa, que es más firme que la celeste.

Camila obedeció, cerró otra vez los ojos y siguió todas las instrucciones.

Y empezaron a llegar recuerdos a su mente:

—Te vi en un aeropuerto... ¡Yo soy la chica por la que sentiste el flechazo! ¡Sí, ésa soy yo! Supe que eras mi alma gemela desde la primera vez que te vi. Desde el momento en que te conocí, sentí una voz que me dijo: "Por fin, te completaste".

"Cuando decidí volver a viajar a la India para acompañar a Damián, quien había sanado milagrosamente, te volví a ver en el avión y supe que serías mi amor para toda la vida. Sin embargo, en ese viaje te volví a perder de vista. Estaba muy enojada contigo de que sólo aparecieras para desaparecer, eso era peor que nunca haberte conocido. Después de algunos meses, conocí a un muchacho al que quise, pero no lo amaba... creo que, en el fondo, me hice trampa y busqué a alguien que fuera un buen padre para mis hijas.

"Casi siempre, después de varios años de matrimonio, pasa la necesidad de enamorarse y llega la realidad de la pareja. En ese momento, empecé a suspirar por ese amor, por esa alma gemela que, según yo, era mi otra mitad.

"Suspiraba por ese amor que no había podido ser. Y ahora veo por qué existe el cielo de los suspiros. Es verdad que un suspiro sólo puede salir del alma.

"Nunca olvidé tu mirada, el brillo que despedían tus ojos. Y soñé contigo infinidad de veces. Me di cuenta de que te echaría de menos el resto de mi vida. Es increíble cómo puedes amar a alguien que apenas viste una o dos veces, con quien sólo intercambiaste unas cuantas palabras, y cómo puedes querer tan poco a alguien que estuvo toda la vida a tu lado.

La tarde transcurría plácidamente y Camila siguió suspirando al lado de Francesco, cuando de pronto él vio a alguien conocido, se despidió de Camila y se alejó flotando.

En ese momento, un viento hizo chocar la nube en donde Camila paseaba contra otra donde iba un muchacho que suspiraba.

—Ay, mujer, ten más cuidado —dijo él.

—No sé qué pasó porque estaba distraída por los suspiros. ¿Y tú quién eres y por qué suspiras?

—Me llamo Jorge, y creo que es por amor ¿Tú también?

—Siempre pensé que los suspiros venían por otras cosas.

—Cuando alguien resuelve algo que tiene atorado, es bueno que suspire, aunque casi todos los suspiros son por amor.

"Y todos estos suspiros son para sanar las memorias de dolor que tenemos cuando alguien no nos quiere. Cuando alguien no nos presta la atención que creemos merecer, el suspiro también viene a sanarnos el corazón.

—Y a ti, ¿quién te hace suspirar? —preguntó Camila.

—Una chica que me enamoró en la Tierra, para luego dejarme.

—Entiendo —contestó Camila—, eso duele hasta los huesos, pero espero que hayas podido averiguar qué fue de ella, cuál fue la razón de que te abandonara.

—Entre las cosas divertidas de estar en el Cielo, está el poder averiguar todo de lo que ocurrió con nuestros amores o desamores, los sentimientos y deseos que tuvieron por nosotros, aunque, después de la muerte, eso no tiene mucho de divertido, porque casi siempre vemos las cosas muy diferentes a la realidad que vivimos.

—Si tienes un poco de tiempo, me gustaría platicar contigo —dijo Camila, acomodando su manta y acercando su nube a la del muchacho—. Yo alguna vez en otra vida conocí a un chico llamado Agustín y quedamos de vernos en la India, en un ashram.

El muchacho comentó que él también había estado en un ashram y que ahí había creído ver a la chica de la que estaba enamorado:

—En una de las vueltas que di en el patio mayor. Corrí a buscarla, pero no pude encontrarla, creo que cuando estás enamorado y no eres correspondido, ves al ser amado en muchas personas.

"Solía hablar con ella a través de la luna, yo creía que había sido especial para ella y que cuando yo pensaba en ella, era porque también ella estaba pensando en mí. Esa ilusión era un pensamiento tonto, porque nunca podremos saber qué siente la otra persona por nosotros, en realidad.

A Camila le dio mucha ternura escuchar esas palabras y le dijo que tal vez era la imaginación de los enamorados la que creaba la ilusión de que esa necesidad de pensar en el otro es recíproca.

—Aunque, sin duda, ustedes los hombres deben tener menos necesidad de romanticismo que nosotras, las mujeres.

—¿Tú crees que somos más desapegados que ustedes y que los hombres no somos capaces de suspirar tanto como las mujeres? Pues no estoy de acuerdo: ¿qué te parece si le preguntamos a los espíritus que están suspirando en este lugar de meditación?

Descendieron para acercarse y preguntarles si podían hablar con ellos.

Los seres se fueron levantando uno a uno y se colocaron en forma de círculo para verse todos cara a cara. El muchacho lanzó la primera pregunta y ellos no supieron responder, pues resultó que todos eran espíritus de hombres en la última vida.

Enseguida, el muchacho les dijo que les haría otra pregunta:

—¿Alguno de ustedes se enamoró alguna vez de un alma que no le prestó atención?

Todos se quedaron mirando unos a otros y no se animaron a contar nada sobre el tema, porque las historias hubieran sido tan largas que no hubieran terminado nunca; sin embargo, reconocieron que casi todos sus suspiros eran producto de un amor que no había estado presente cuando lo necesitaban y que nada dolía tanto como los amores no correspondidos.

—Entonces, estamos de acuerdo: todos los suspiros son por amor —dijo el muchacho.

Camila intervino en ese momento para expresar que ella tenía muy claro ese asunto y continuó diciendo:

—Recuerdo que en una vida cuando estuve en el Cielo, fui a la biblioteca sagrada y encontré toda la historia de vida de los humanos, sobre todo, lo que ocurrió en Babilonia, y el papel de la mujer en la antigua sociedad. En uno de los libros que leí, encontré un ritual muy efectivo para sanar: todas las mujeres de la tribu cerraban los ojos y bailaban al ritmo de los tambores, mientras invocaban a su alma, y luego iban suspirando por todos sus pesares y cada suspiro lo dirigían a un árbol para pedir que se transmutara ese sentimiento de nostalgia, para que llegaran cosas nuevas para quedarse y no sufrieran por recuerdos negativos.

Todos los espíritus coincidieron en que tenían que ir a ver esa biblioteca y buscar rituales para que en la próxima vida tuvieran más sabiduría.

Camila les dijo que no recordaba dónde estaba esa biblioteca, pero que lo preguntaría, y les aconsejó que, mientras tanto, siguieran suspirando para aligerar su alma de nostalgias de amores y desamores.

Cuando Camila terminaba de despedirse del muchacho y los otros espíritus, deseándoles buena fortuna, llegó otro viento fuerte y se llevó flotando la nube donde viajaba hasta llegar al patio de su casa de cristal.

YOHANA GARCÍA

Los milagros y la magia

La magia es vivir, es honrar esta vida.
Es estar y compartir.
Vivir el presente y aprender con amor a crecer,
y ser mejor cada día.
Cuando se vive en esta magia,
los milagros no se necesitan.
No es necesaria una fuerza extra de suerte
otorgada por el destino o por el karma.
La magia de saber vivir lo hace todo perfecto:
vuelve mágico el camino de la vida.

Francesco y Camila salían todas las tardes para caminar por los bosques, se sentían plenos y felices, reflexionaban, platicaban y compartían todos sus pensamientos.

Durante una de esas pláticas, Francesco se dirigió a Camila para preguntarle:

—Cuando estabas en la Tierra, ¿nunca sentiste que no eras normal?

—No, Francesco, yo siempre me sentí como el resto de la gente, aunque sí me ocurrieron cosas fuera de lo común, a las que no les presté mucha atención en su momento. Ahora me doy cuenta de que hubo algunos instantes y personas especiales en una de las vidas que recuerdo. En esa época, empezaron a ocurrir muchas casualidades, así que llegué a la conclusión de que existía algo más allá de lo que vemos y tocamos, y creo que me asusté.

"Presencié el milagro del que tú ya estás enterado, y todavía lo tengo tan presente como si hubiera ocurrido hoy. Me refiero a mi paciente Damián en esa vida donde yo era médica. Tú llegaste a conocerlo bien, ya que coincidieron en la India.

Francesco, asintió con la cabeza.

—Damián había entrado al hospital con leucemia en un grado muy avanzado. El primer día que lo atendí, él llevaba una chamarra con el logo del Hard Rock.

Francesco la interrumpió y le preguntó:

—¿Del Café Hard Rock?

—Sí, de ese lugar, lo recuerdo bien porque ese día la tomé para colgarla en el perchero, mientras le daban una bata para que se cambiara.

"Una de las enfermeras le preguntó si quería asomarse al balcón para apreciar la vista, pero Damián dijo tranquilamente que no, porque sabía que pasaría mucho tiempo ahí y no tenía ninguna prisa.

"Me llamó la atención la calma y la seguridad con la que le respondió a la enfermera, a diferencia de sus padres, quienes estaban desesperados y asustados.

"Pensé que aquel muchacho no tenía idea de lo que estaba sucediendo, no sólo a su alrededor, sino dentro de él. O que no quería ver la realidad.

"Sin embargo, con el tiempo me di cuenta de que lo sabía muy bien, más allá de lo que nosotros, médicos y enfermeras, podíamos creer.

"Damián era adepto a la religión budista y sabía diferenciar el sufrimiento del dolor. Sabía que el dolor existe, pero el sufrimiento es opcional.

"Yo lo escuchaba y le decía que lo admiraba porque, pese a su enfermedad, lo veía muy tranquilo. Él me aseguraba que era porque confiaba en que sus médicos sabrían sanarlo, y que su propia responsabilidad era sanar la parte emocional. En ese momento, no entendí bien qué me quería decir, pero recuerdo que me sorprendió su frialdad al hacer responsables a los médicos de su enfermedad. Ahora sé que es la temperatura justa con la que se debería tomar una enfermedad.

"Pasaba el tiempo y Damián iba empeorando, pero nunca lo vi quejarse ni llorar; al contrario, muchas veces lo encontraba recitando mantras. Siempre pensé que lo hacía para sanar, sin embargo, un día le pregunté y me dijo que lo hacía para que su familia estuviera tranquila.

"No era un muchacho materialista, pero sabía que lo único que le quedaba en un futuro para sanar era la posibilidad de un autotrasplante, que ésa era la única manera de evitar que la enfermedad regresara, así que también estaba pensando en la posibilidad de mantener su esperma congelado.

"Él sabía que a los hospitales sólo les interesaba facturar, que los administradores les decían a sus padres que mientras estuviera vivo debían pagar y, si llegaba a morir, les entregarían su cuerpo hasta que terminaran de pagar.

"En el transcurso de su enfermedad, entró y salió del hospital mil veces. Sus amigos y familiares rezaban por él, mientras él lo hacía por ellos, porque tal como Damián decía: 'Son ellos los que necesitan tener más fe y protección. Yo estoy bien, yo sé cómo tener fe'.

"Ésa es la fe que sana —dijo Camila emocionada—, la que no se pregunta nada, la que se entrega, a la que uno se abandona. Es como el recuerdo que seguro tenemos todos cuando llegamos a adultos: ver a tu abuela o abuelo a pocos metros de ti, esperándote con los brazos abiertos, mientras tú corres hacia ellos para que te levanten, te abracen y te den vueltas por el aire. Me refiero a esa fe: cuando te abandonas en los brazos de alguien que amas. La fe genuina es la confianza total en que algo va a suceder. La fe ciega no lo es porque no vea, es ciega porque no necesita ver para creer. Esa fe es un don que no todo el mundo tiene, y no importa que la tengas, lo que importa es que no dudes de ella.

"Por ejemplo, en el caso de Damián, él nunca tuvo duda de que sanaría, aunque fue un trayecto largo. Recuerda que las enfermedades van a caballo y la salud vuelve a pie. Fue una sanación lenta, pero él nunca flaqueó y sabía que al final conseguiría lo que tanto deseaba. Creo que ahí está la clave: en saber que se puede lograr lo que más deseamos sin pensar en cómo será el proceso, porque a veces nuestra fe es puesta a prueba.

Francesco, al escuchar lo que Camila decía, le preguntó:

—¿Tú crees que Dios ponga a prueba nuestra fe?

—No lo sé, Francesco, tú has estado más cerca de Él que yo.

—Camila, todos estamos cerca de Dios y no considero que Él nos ponga a prueba. Creo que si un dios te pone a prueba para ver si eres bueno o malo, entonces sería un dios que da premios si te portas bien y que castiga cuando haces el mal, un dios perverso.

—Sin embargo, es lo que nos han dicho siempre, que Dios nos pone pruebas —contestó Camila.

YOHANA GARCÍA

—No, Él no nos pone pruebas, es la vida la que nos pone a prueba y nuestra fe hace que suban o bajen las defensas. Una persona se puede enfermar en un segundo.

—Tienes razón, Francesco, ahora que llegan más recuerdos a mi mente, sé que en el hospital donde trabajaba había mucha gente que, después de una discusión, automáticamente se enfermaba.

—Así es, Camila, cuando se presentan circunstancias que se contraponen a nuestras expectativas, es posible que la persona que está viviendo el conflicto se enferme y eso mismo no le permitirá sanar.

"Nadie se enferma ni sana sin razón o motivo.

Camila escuchaba con atención a Francesco y pensaba que todo lo que decía era una gran verdad. Regresó entonces al tema de Damián para contarle que, una vez que él sanó, se dedicó a practicar magia para alegrar a los niños y a él mismo.

De pronto, Camila empezó a suspirar y llorar sin poder parar. Francesco, después de preguntarle varias veces y sin conseguir una explicación del intenso llanto, decidió dejar que se desahogara, porque él sabía que el llanto sana.

Ella le pidió perdón varias veces hasta que pudo recuperarse del sentimiento de angustia y nostalgia.

—Cami, ¿estás bien?

—Sí, muy bien.

—¿Qué te pasó?

—Acabo de recordar más detalles del viaje a la India, cuando acompañé a Damián, después de su milagrosa recuperación. Yo tenía poco tiempo de haberme separado de mi esposo y tuve que pedirle a mi madre que cuidara a mis hijas, así que las cosas no fueron fáciles, sin embargo, me arriesgué a hacerlo. En esos momentos, estaba triste porque mi esposo me había traicionado y me sentía totalmente desvalorizada. Cuando regresé de la India la primera vez que viajé, había estado feliz con la experiencia, pero en realidad nunca sentí ningún cambio.

"Sin embargo, los milagros no vienen solos, ni en el momento que se espera que se realicen. Los milagros llegan cuando se termina de esperarlos.

Francesco la escuchaba y asentía con la cabeza. Luego, le dijo:

—Los milagros, Cami, son lo único coherente aquí y en la Tierra. Es una lástima que los seres humanos no se den cuenta de que son más comunes de lo que piensan.

—Lo sé, pero cuando estamos en la Tierra, nos sentimos tan solos que, aunque estemos acompañados, no alcanzamos a ver el milagro que significa cada instante de vida. Me siento feliz de seguir recordando más cosas.

"Pero estoy segura de que no sólo llegarán buenos recuerdos, sino que los malos también vendrán. Y eso no creo que me vaya a gustar.

—Pero no te preocupes, ¿qué te puede suceder al saber algo que ya pasó? ¿O vas a generar sentimientos de culpa por haber tenido algunos problemas y no haberlos solucionado como hubieras querido?

—Espero que no, que no me pase como con mi perrita, pero creo que así somos de complicadas las mujeres.

Francesco sonrió y le reiteró que no era una cuestión de género, sino de sentimientos y falta de empatía con uno mismo cuando te culpabas de lo que ya había pasado.

Camila siguió con su relato:

—En fin, regresando a lo que te estaba contando, yo

estaba feliz de poder acompañar a Damián para que conociera a mi Maestro espiritual, tan mágico, ese hindú que parecía haber salido de una banda de música pop de los ochenta.

A Francesco le dio un ataque de risa al escuchar eso, aunque ya se lo había dicho miles de veces.

—No te rías, Francesco, es verdad.

"Damián estaba feliz y yo también. Sentía una esperanza tremenda de encontrarme con alguien que estaba segura de que cambiaría mi vida... y ahora deja que sigan llegando más cosas a mi memoria.

Camila cerró los ojos y respiró profundamente, pero no pudo concentrarse, así que decidió relajarse y le pidió a Francesco unos minutos antes de seguir con el relato.

Durante esa pausa, Francesco le contó que cuando había estado con su Maestro se enteró de que el dueño del Hard Rock había estado al borde de la muerte a causa de algunos accidentes, y soñaba que un hombre de pelo afro y manta naranja lo rescataba, así que decidió viajar a la India para conocerlo y, después de trece viajes, por fin lo logró. Durante esa entrevista, el Maestro le pidió que hiciera una donación para construir un hospital cerca del ashram.

—El empresario hizo con entusiasmo lo que el Maestro le pidió, pero un día tuvo curiosidad de saber por qué lo había elegido a él y se lo preguntó al Maestro, quien le contestó: "Porque eres conveniente y obediente, y creo que así somos todos los que hemos sido elegidos, tanto en el Cielo como en la Tierra, para desarrollar una misión".

"Cuando me comentaste sobre la chamarra de Damián con el logo del Hard Rock el día que lo internaron supe, sin duda, que tu alma ya sabía que existía un hilo conductor hacia el Maestro.

—Francesco ¿crees que el Maestro fue quien lo sanó? Aun cuando en ese momento él no sabía nada sobre Damián.

—Mira, fueron varios factores: primero, cuando él se dio cuenta de que debía sanar ciertas emociones; segundo, él les dejó la responsabilidad a los médicos, tal como te lo dijo; tercero, el hecho de que sus amigos recitaran mantras: recuerda que un rezo colectivo es muy poderoso; al final, claro, el Maestro con su fuerza. Bueno, el orden de los factores no altera el producto.

"Cuando una persona sana es por muchos factores: Dios, medio ambiente, atención, fe, cuidados, mente, emociones, universo y, si sigo, la lista sería inmensa.

Francesco se sentía cansado, así que le propuso a Camila que cada uno se fuera a su casa de cristal.

Cuando Francesco estaba abriendo la puerta de su casa, se preguntó por qué nunca le había propuesto a Camila que se quedara con él y decidió que pronto lo haría... y esperaba que ella no se enojara.

Arrepentirse para amar

APRENDER A VOLAR

Duro es el camino y sé que no es fácil,

no sé si habrá tiempo para descansar.

En esta aventura de amor y coraje,

sólo hay que cerrar los ojos y echarse a volar.

Y cuando el corazón galope fuerte, déjalo salir.

No existe la razón que venza la pasión, las ganas de reír

JUAN ÁNGEL FORCADA/

ÓSCAR MEDIAVILLA/PATRICIA SOSA

Cada vez que Camila y Francesco y se reunían por la tarde, siempre a las cinco, el Cielo reservaba dos nubes para que ellos disfrutaran de un paseo.

La noche anterior, Francesco había tenido una misión especial en la Tierra, tras lo cual había caído rendido en su cama y de inmediato se había quedado dormido. Se sentía feliz por los momentos hermosos que había estado compartiendo con Camila.

Empezó a soñar con lo ocurrido en su vida anterior y se despertó con sobresalto, se lavó sus alas y salió antes del amanecer a pasear por el Cielo. Iba flotando entre una nube y otra mientras disfrutaba del maravilloso espectáculo del sol, que ya se asomaba entre rayos de colores. Los ángeles cantaban cada mañana, mientras los espíritus tomaban su desayuno de jugos de jazmín con miel.

Así pasó la mañana y, con un leve sentimiento de nostalgia, fue a buscar a Camila por la tarde, a la hora acostumbrada. Ella vivía en una casa de cristal redonda como los iglús que había en Finlandia. Cuando llegó, tocó a la puerta, y ella lo recibió con la chimenea encendida porque, aunque ya no estaba viva, seguía siendo muy friolenta.

—Pasa, Francesco, voy a echar un poco de leña, ¿me ayudas?

Mientras acomodaban los troncos, Francesco le preguntó a Camila si tenía un poco de maná, para que comieran juntos.

—Claro que sí, ¿quieres jugo de jazmines o de jade?

—Me gustaría el de jade, ése nunca lo he probado.

—Bueno, yo sé cómo hacerlo, así que podrías casarte conmigo, estaríamos juntos y podrías disfrutar de un jugo de jade todos los días.

Francesco, risueño, le dijo a Camila que eso le encantaría, pero que ahora quería contarle sobre un sueño que lo había perturbado.

—Yo estaba en una vida anterior, en la que era un hombre muy enojado con la vida. Tenía un hermano que amaba con toda mi alma, pero me había estafado con una fábrica de juguetes que habíamos fundado juntos. Me di cuenta de que le guardaba mucho rencor y no creo que ese rencor me haya enfermado, pero sí creo que dejé de disfrutar de la vida, porque el dolor de la traición de mi hermano era muy grande.

"Luego, al despertar, recordé que esta misma historia

le había ocurrido a mi padre. Llegó a mi mente una escena en la que él me daba un regalo, un juego de rol.

"Mi padre sabía que pronto iba a fallecer y que yo iba a quedarme sin padre desde muy pequeño. Tenía una mirada muy triste, con un dejo de soledad, como de despedida.

"En esa vida, como te había dicho, yo no había pasado por la ley del olvido, así que recordaba toda mi vida en el Cielo. Era un niño con mucha fuerza y mucha prestancia para hacerle frente a lo que viniera en el futuro, consciente de que con la muerte no se acababa todo y que mi padre pronto regresaría a la casa de Dios.

"Guardo esa escena en mi recuerdo, a ese hombre también lo había estafado su hermano.

"Al despertarme entendí que, sin duda, lo que pasa en una vida pasa en otra, como en un cuento de nunca acabar.

Camila se quedó muy triste al escuchar el sueño de Francesco y sólo atinó a echar uno de los troncos para avivar el fuego, que calentaba los jugos de jazmín y de jade.

El rostro de Francesco reflejaba pesadumbre y le dijo a Camila que creía que no era normal que todo se repitiera tanto, que tal vez esas repeticiones sólo le habían ocurrido a él.

—No —dijo Camila—, estoy segura de que no es así. Yo no me he puesto a profundizar en ese tema, pero en estos días que han venido a mi memoria varios recuerdos, sé que mi abuela, en la vida anterior, repitió la historia de mi bisabuela de otra vida, y cuando nosotros hemos platicado con otros espíritus acerca de las vidas anteriores, todos han coincidido en que hay un ciclo constante de repeticiones en la Tierra.

—Pero eso es injusto —exclamó Francesco—, si no aprendiste algo en una vida, no tendrías por qué seguir sufriendo para aprenderlo en la próxima, como si fuera un karma. Si una persona está viviendo situaciones que tienen que ver con la vida anterior y ni siquiera recuerda qué fue lo que hizo, no tendría que pagar nada en el presente. Todas las acciones de cada vida tendrían que ser pagadas en esa misma vida.

—No, no está bien —intervino Camila—. Aquí todo es perfecto, así que podríamos decirle a Dios que algunos trazos de la línea de nuestra vida no están bien, que creemos que es injusto o que hubo una equivocación.

—Puede ser —contestó Francesco—. Yo creo que Dios se equivoca al colocarnos en la vida con un deber y haber tan grande. La vida podría ser más justa, pues en ocasiones les va mejor a los ladrones que a los honestos.

—Francesco, no puedes decir eso, al Cielo sólo vienen los buenos, porque los que hacen el mal no están aquí.

—Camila, todos nos equivocamos. Si en verdad fuera como lo dices, el Cielo estaría vacío. Aquí venimos los que tenemos que venir: ladrones, honestos, buenos, malos, estamos todos revueltos, totalmente convencidos de que fuimos ignorantes en la Tierra y de que venimos a aprender en ésta.

"Aquí, todos somos perdonados, es igual el rico que el pobre, el flaco, el lindo, el feo, el simpático, el antipático. Aquí todos somos iguales, todos llegamos sin nada, todos vamos en la misma fila.

—Bueno, Francesco, en realidad, sí hay diferencias, porque los espíritus vamos avanzando en las escalas. Los que hacemos el bien y cumplimos con nuestro trabajo de ayudar a los humanos desde aquí, tenemos el objetivo de ir ascendiendo, porque queremos estar cerca de Dios. Ésa es nuestra verdadera riqueza.

—Cierto, Camila, todos los espíritus hacemos lo mejor que podemos para ayudar a la mayor cantidad de personas, sin embargo, ahora que estamos aquí, pienso que no sabemos si los pasos que nos faltan para llegar a Dios son muchos o pocos. Tal vez, en mi caso, las veces que he estado con Él han sido lo máximo a lo que puedo aspirar.

—Si tú no lo sabes, Francesco, yo menos.

"A mí me gusta estar en el Cielo, mezclada con espíritus que en la Tierra han sido muy diferentes, con una vida totalmente ajena a la mía. En particular, me llaman la atención las personas que no se portaron tan bien, pero que están en el Cielo porque tal vez ahora están arrepentidas.

Francesco, conmovido por las reflexiones de Camila, la contempló y le dijo:

—¿Y qué pasará con los que no se arrepienten? ¿Dónde estarán? ¿Has escuchado hablar del infierno?

—No, Francesco, pero creo que el infierno es cuando nos peleamos con otros seres en la Tierra. La maldad del ser humano, las guerras, los robos, las enfermedades, las pandemias, los terremotos, las injusticias, creo que eso es el infierno.

—La Tierra es un mundo de injusticias que hay que saber sobrellevar. En cambio, estar en el Cielo es mágico. Aquí no hay palabras para describir las maravillas de este lugar, escuchar a Dios, a los ángeles, las enseñanzas, la armonía, el amor...

Camila retomó entonces el tema de la inequidad en la Tierra y se le ocurrió preguntarle a Francesco algo que podría resultar incómodo:

—¿Tú nunca le preguntaste a Dios por qué hizo un mundo tan injusto?

—Claro que no, ¿cómo podría preguntarle algo así? Yo no puedo andar hablando de esas cosas, creo que podría enojarse.

—Y si se enojara, ¿qué pasaría? Dios es puro amor, no creo que eso pudiera suceder. ¿Te echaría del Cielo y te mandaría al infierno?

—No creo que haya mucho lugar en el infierno —dijo Francesco, sonriendo.

Camila respondió con una sonrisa burlona y le lanzó otra pregunta:

—¿Cómo que no hay lugar, si dices que no existe?

—En realidad, no lo sé, pero cuando surgen las leyendas, no siempre se trata de algo totalmente inventado: al final lo que no puede existir, no se imagina. En cambio, lo que sí puede existir en el futuro será imaginado o visualizado por alguien, como ocurre con las profecías.

Camila se quedó pensando y exclamó, con cara de espanto, que tal vez el infierno era una profecía que todavía no se materializaba.

—O quizá ya hasta pasó de moda —dijo Francesco, muerto de la risa.

—Y tal vez ocurrió lo mismo con el limbo. ¿Supiste que el Papa declaró que el limbo no existía? Y después, las almas no sabían para qué lado ir porque ya no estaba escrito y lo que no está escrito, no existe —dijo Camila, risueña.

—Camila, eso es mentira. Hay tantas cosas que no están escritas y podemos verlas aquí en el Cielo.

—De acuerdo, como yo siempre digo lo que siento, un día voy a hacerle a Dios todas las preguntas que tengo: ¿por qué hizo el mundo tan injusto? Si es que existe el infierno, ¿por qué se inventó? ¿Por qué los que se portaron mal y enseguida se arrepienten van al mismo lugar de los que nos portamos bien? ¿Adónde van los que no se arrepienten?

Francesco volteó a ver a Camila y le preguntó:

—¿Tú conoces a alguien que haya cruzado el Bosco y que llegando aquí no se haya arrepentido?

—Creo que todos se arrepienten —contestó Camila.

—¿De qué se arrepienten? —insistió Francesco.

—De no haber dicho más veces TE AMO —dijo Camila, mientras saltaba alejándose sobre las nubes.

La sabiduría de todos los tiempos

Hay que alternar la reflexión y la acción, que
se complementan y corrigen la una a la otra.
ANTONI GAUDÍ

Francesco se encontraba admirando el Cielo, con su gran diversidad de paisajes, mares, montañas y bosques, cuando Camila llegó a buscarlo con cara de preocupación.

—Querido Francesco, hoy amanecí muy esotérica y me gustaría platicarte sobre algunas cosas que no entiendo.

"¿Recuerdas a Clara, la amiga que encontré en el Cielo y que buscaba a su madre desesperadamente?

—Sí, claro que la recuerdo.

—Volví a verla y fuimos a un bosque, pero cuando entré me espanté al ver su nombre: el Bosque de las Brujas.

Francesco sonrió y le explicó que las brujas siempre habitan en los bosques, como los sabios, pues en los árboles está la sabiduría de todos los tiempos.

—Siempre hemos creído que el Cielo no debería resguardar a las brujas, pero a pesar de que esa palabra ha sido tan desvirtuada, en realidad tiene diferentes interpretaciones: sanadoras, chamanes, guías.

"Y si sabemos que existen energías superiores que, junto a las humanas, generan un cambio positivo, deberíamos tener una mejor opinión sobre ellas.

—Tienes razón, Francesco, en ese bosque pude ver duendes, colibrís, hadas y... brujas. Pero no eran esas brujas con sombrero negro y narices feas, eso es una fantasía. Ellas son bonitas, amorosas y, sobre todo, empáticas y solidarias. En ese lugar, también hay infinidad de gatos, búhos y lechuzas, pero no hay arañas porque las brujas les tenían miedo y fueron trasladadas a otro sitio. Pero, no entiendo cuál es el sentido de que exista ese bosque.

—Es el lugar perfecto para que toda persona que fue terapeuta, adivina o chamán tenga su árbol y su animal de poder, con el objetivo de reivindicar su lugar en el mundo, pues en la Tierra siempre se han sentido entre la espada y la pared, criticadas y mal vistas por algunas religiones. Aquí, en cambio, todo lo que es amor es bienvenido.

—Los terapeutas aman lo que hacen, son reconocidos por sus pacientes, pero casi nunca por su propia familia, tal como les pasa a los grandes maestros o gurús.

—En el Cielo, nada es superior ni inferior, así que este bosque es para que todos los seres elevados, sean brujas, yoguis, gurús o terapeutas, reciban el amor que no tuvieron en la Tierra, es un lugar sagrado exclusivo para ellos aquí en el Cielo.

—Entonces, ¿existe también aquel sitio oscuro, donde hay velas, pociones y cintas para hacer daño con magia negra? —preguntó Camila.

—Así es, es un lugar alejado, olvidado, pero no debemos temer, existe para recordarnos la fuerza de la ignorancia.

—Pero no sólo se da en la brujería, también hay ignorancia en las adicciones, el ego, las guerras, la mala praxis de los doctores y muchas cosas más.

—De acuerdo, pero si tuviéramos que designar un Cielo para arrumbar equivocaciones o tendencias maliciosas, no podríamos entrar los buenos y los que queremos un mundo mejor. Sería como un museo para que seamos testigos de las creencias equivocadas que alguna vez existieron.

Camila se quedó pensativa y dijo:

—Francesco, lo que dices está muy bien, pero aquí hemos conocido espíritus que dicen que murieron por algún tipo de brujería.

—En realidad, lo que los mató fue el miedo, la duda de sí mismos, de su fuerza, la creencia de que una bruja, brujo o hechicero tendría más poder sobre ellos.

"Cuando le das poder a algo o alguien sobre ti es una brujería: a un familiar que te agobia y te lastima, a una pareja que te golpea, que te grita, a un hijo que te abandona, a un vecino que te humilla, a un compañero o jefe en tu trabajo que te maltrata.

"A veces, las personas cariñosas y afectivas se dejan destruir y no se valoran porque inconscientemente buscan guías o maestros espirituales falsos, porque toda persona que no se valora ve a los grandes maestros de vida como enemigos.

"El Cielo está lleno de gente que ha muerto por sentirse atacada por personas, por situaciones, pero, sobre todo, por sus miedos.

—Es verdad, Francesco, en vez de tener miedo de la brujería, deberíamos tener miedo de nuestras propias películas mentales —dijo Camila.

—Debemos tener presente que somos nosotros los que les damos fuerza a los pensamientos negativos y que la mayoría de las veces sólo están en la imaginación de las personas, casi nunca se cumplen. Sin embargo, algunas murieron pensando que había sido por alguna brujería, y por ese motivo perdieron su vida, sus parejas, su familia.

Camila, que a veces parecía tener una ingenuidad absoluta, le replicó:

—Pero ¿cómo sabes que no era real? Yo conozco espíritus que entraron al Cielo diciendo que habían muerto por algún tipo de brujería, que les habían dado algo de tomar para envenenarlos.

—Piensa, Camila, si te dan veneno, morirás, ya sea con brujería o sin ella, pero si es a través de un muñeco que pinchan, eres tú quien le estás dando poder a algo más.

"Ese sitio está para mostrarnos cuánto poder le podemos dar a algo que no significa nada. No puede ser que una vela o una estatuilla tenga más fuerza que un ser humano.

—De acuerdo, Francesco, sin embargo, mucha gente siente que es sanada al ver y rezarle a la imagen de un santo o la Virgen María, cuando también son cosas materiales e inanimadas.

—Son energías diferentes, Camila. No tiene la misma fuerza una imagen considerada sagrada a un simple muñequito hecho en una fábrica.

—Creo que nada tiene más fuerza que la energía de un espíritu, de un alma, de un ser con amor, esa fuerza es capaz de expandirse a todos los puntos cardinales del planeta —exclamó Camila.

Francesco asintió con la cabeza y dijo en voz alta lo que estaba pensando:

—Estoy de acuerdo en que la bondad lo es todo, pero en la Tierra a veces la maldad parece dar mejores resultados, porque la energía de la maldad es algo muy directo cuando se dirige hacia una persona en particular.

Camila interrumpió a Francesco para decirle que no entendía muy bien eso y le pidió que se lo explicara mejor. Francesco, con amor y paciencia, reflexionó sobre alguna manera de darle un ejemplo para ayudarle a entender ese tema:

—Te lo explicaré de este modo: cuando un ladrón quiere robar, cuando alguien quiere hacer una maldad, no se distrae en el camino, va a lo que tiene que ir, por eso digo que la maldad es una energía dirigida y que tiene la fuerza para destruir. En cambio, el amor es una energía divina expandida que a veces nos hace olvidar nuestros objetivos, y perdemos el rumbo por acudir en ayuda de otros. En ocasiones, por algún gran amor dejamos de lado las buenas obras para nuestros semejantes, por ejemplo.

"Si usáramos esa misma intensidad de la mala energía en la energía buena, no tendríamos miedo, no habría gente abusando del poder, políticos corruptos o gente manipulándonos. Ésa es la verdadera brujería: perder el camino de nuestro propósito de vida.

—Pero ¿cómo saber cuál es tu camino? ¿Hay un solo camino, un punto de equilibrio, para no pasar de la humildad a la soberbia? No me refiero a la humildad de dejar que te humillen.

—En realidad, todos los seres humanos deberían saber quiénes son y dónde están. Y, también, deberían cambiar cuando tenga que ser, en su modo y momento. Nadie debería apresurarlos, porque debe ser sobre una buena base; no es justificación, pero no es fácil ser buenas personas. Si fuera así, la Tierra sería el Cielo —concluyó Francesco.

"Volviendo al tema de la brujería, Camila, quiero contarte que los hombres en la antigüedad eran magos: podían invocar al trueno, a la lluvia y al sol. Creían tener el poder absoluto.

"Ellos podían practicar magia a partir de la mayoría de los elementos de la naturaleza, como la tierra y el fuego. Aunque ya desde entonces existía también la magia contaminada, para la que usaban alguna prenda o pertenencia de la persona a quien deseaban dañar. En fin, desarrollaron diferentes tipos de magia, magia de colores.

Camila empezó a reírse y le preguntó a Francesco:

—¿Cómo puede ser magia de colores? Creo que cada vez estás más loco.

—No te rías de mí, Camila, es cierto que la magia es de colores, hay magia blanca, negra, gris, roja, depende de las creencias de cada pueblo ancestral del brujo o hechicero. Te explicaré en qué consiste cada una:

"La magia blanca es buena porque el blanco significa pureza. Se aplica con rituales, invocaciones y purificaciones. Somete su voluntad a las leyes del cosmos y trabaja en armonía con el universo.

"La magia negra, en cambio, se concentra en hechizos y maldiciones. Es la más terrible y peligrosa. Es una práctica que se debe realizar con sumo cuidado porque puede provocar muchos daños.

"La magia roja se utiliza para prácticas relacionadas con la pasión, la sexualidad o el amor. También se identifica por hechizos de tipo ceremonial, que se remontan a los egipcios, griegos, romanos, etruscos, celtas, pueblos africanos y muchas otras culturas lejanas en el tiempo.

"La magia verde es quizás una de las primeras formas

de magia, ya que en la antigüedad el hombre vivía en estrecho contacto con la naturaleza y veía en ella una especie de protección, así como los medios por los que podría sobrevivir. En este tipo de magia se utilizan pociones y otras preparaciones a partir de elementos naturales.

"La magia gris es un tipo neutral que se ubica entre la magia negra y la blanca. Esto significa que no siempre se practica por razones beneficiosas, pero al mismo tiempo tiende a no dañar a los demás. Está hecha con la intención de ayudar, pero sin el permiso y la conciencia de la persona a la que se dirige.

"La magia azul es una práctica que se relaciona con el elemento agua. Siempre ha estado vinculada con las almas evolucionadas y se utiliza como medio para canalizar energía y, con ello, lograr algún objetivo, como curar enfermedades tanto físicas como mentales. En sus diferentes ritos se utiliza la energía de los cuerpos celestes, los ríos y las profundidades del océano.

"La magia rosa, por último, se relaciona con la parte afectiva, representa el amor, la pureza y el cariño. Este tipo de magia busca reconstruir el bienestar tanto físico como emocional. También es usada por las parejas para consolidar su relación.

—Qué interesante, Francesco, no sabía que existían tantos tipos de magia, pero ¿por qué se nombran con esos colores? ¿Sabes si eso significa algo?

—Claro que sí, Cami, eso se debe a que cada color representa simbólicamente algo distinto. Mira, el rojo simboliza la pasión, la sexualidad y la ira; el amarillo, el éxito, la alegría y la creatividad; el azul, la comunicación, la armonía y la calma; el naranja, el entusiasmo, las tormentas, el apetito y el equilibrio; el verde, la esperanza, la virilidad y los viajes; el violeta, la transmutación, la evolución y los cambios positivos; el blanco, la pureza y la claridad; el negro, para terminar, lo oculto y el poder de concretar en el plano material, es el color que ayuda a guardar secretos. Recuerda que incluso los chakras se identifican con colores.

Camila lo escuchaba absorta.

—Sí, creo que te entiendo... Y entonces, ¿dices que la magia es muy antigua?

—Así es, Camila. En un principio, los hombres creían tener poder sobre la naturaleza y les pedían a las nubes que hubiera lluvia o que las tormentas se detuvieran. Después, llegaron a pensar que podían convertirse en trueno, en tormenta. Sin embargo, al pasar el tiempo, se dieron cuenta de que la naturaleza no les respondía como ellos deseaban y empezaron a convencerse de que no poseían los poderes que creían y que la fuerza que tenían no era suficiente, así que tuvieron que crear conjuros y, más adelante, oraciones.

"Luego vino la religión y les aseguró que ellos no tenían ningún poder, y que si necesitaban algo superior, tendrían un dios y ellos serían los intermediarios.

"Ahora, la humanidad se está dando cuenta de que ningún dios puede ayudarlos si ellos mismos no lo hacen, y un nuevo movimiento ecuménico está despertando, que dice que todos somos dios.

Camila frunció el ceño y exclamó:

—¡Eso no puede ser real, es un acto de soberbia, porque los hombres no pueden creer que son dioses!

—Claro que no, los hombres no son dioses, el justo equilibro es que Dios trabaje un poco y la humanidad otro poco.

"Y para terminar con el tema de las brujas, quiero que te quede claro que no hay brujería que alcance a una persona si ésta no cree que será alcanzada —dijo Francesco, de manera enfática.

Con eso, concluyó la plática.

La noche estaba por llegar, así que cada uno se dirigió hacia su casa, para descansar.

Encuentros

DETALLES
No ganas al intentar olvidarme,
durante mucho tiempo en tu vida, yo voy a vivir.
Detalles tan pequeños de los dos
son cosas muy grandes para olvidar
y a toda hora van a estar presentes,
ya lo verás.

MARY McCLUSKEY / ERASMO CARLOS /
BUDDY McCLUSKEY / ROBERTO CARLOS

Francesco casi siempre tenía muchas actividades durante el día, pero siempre buscaba la forma de encontrarse con Camila a las cinco de la tarde.

Esa tarde, Francesco se sentía particularmente inspirado y llevaba un ramo de jazmines en la mano. Al subirse a una nube esponjosa, se empapó con el agua de la lluvia.

Camila sonrió al verlo llegar todo mojado y le preguntó:

—¿Por qué traes esa sonrisa? ¿Y esas flores? Pensé que no te gustaba cortarlas.

—Bueno, seguí tu consejo con las flores y las escuché: fueron ellas las que me indicaron cuáles debía cortar. Y mi sonrisa se debe a que me encontré a mi gran Maestro espiritual, está aquí en el Cielo. No puedo con la emoción.

—¡Francesco, que alegría! —exclamó Camila.

—Lo acabo de ver justo ahora y me dijo que no va a volver a reencarnar, que ya pasó por su última vida y que no sabe si va a haber otra reencarnación de su propio linaje en la Tierra. No entiendo muy bien lo que quiere decir, pero me da igual quién venga después de él.

—Bueno, tal vez sea bueno para ti, pero no creo que sus adeptos piensen lo mismo —dijo Camila.

—Tienes razón, mi comentario sonó muy egoísta, ¿verdad? Bueno, quiero contarte que cuando lo vi, estaba rodeado de los espíritus de los adeptos que lo siguieron en la Tierra. Él emitió una luz tan brillante cuando me vio, que la gente se movió para permitirle el paso hasta mí. Cuando se acercó para abrazarme, me comentó que estaba esperando una entrevista con Dios. No pude evitar reírme porque me pareció increíble que él estuviera pidiendo una entrevista, cuando debería tener acceso directo a Dios.

"Entonces, como si el Maestro adivinara lo que yo estaba pensando, dijo que aquí en el Cielo no es como en la Tierra, que todos debíamos esperar una entrevista, tal como corresponde. Su manta naranja y su cabello ensortijado estaban tal como lo había conocido en la India.

"Después de despedirse de todos los que lo acompañaban, me pidió que fuera con él y caminamos hasta llegar a un arcoíris. Nos sentamos en una piedra y vi entonces que alrededor de nosotros había monos, tigres, elefantes... El paisaje era como si estuviéramos en una selva. Observé que todo eso se materializaba con cada chasquido de sus dedos.

"Él me miró con gran ternura y me dijo: 'Imagino que estás aquí desde hace mucho tiempo, así que vas a tener que enseñarme cómo se vive, porque yo sé mucho de la Tierra y tengo una idea de cómo es aquí, pero en la práctica no sé gran cosa'.

"No podía creerlo, así que le dije: 'Maestro, tú eres un ser ascendido, deberías haber visitado el Cielo centenares de veces'.

"'No te creas, Francesco, los maestros ascendidos tenemos otros tiempos y otras actividades en el Cielo', me explicó.

"Le pregunté entonces si sería posible que me platicara algo sobre eso. El Maestro se quedó pensativo y contestó que había secretos que todo Maestro debe guardar. Me disculpé e intenté disimular la incomodidad que se había creado entre nosotros.

"'Por cierto, espero no regresar a la Tierra', me dijo entonces.

"'¿Por qué los yoguis no quieren regresar? ¿Tan mal los trató la vida?', lo cuestioné. Pero también le pregunté si no le molestaba mi curiosidad.

"'Los yoguis no lo somos porque queramos, es un designio del destino', me aclaró. 'Sin embargo, nuestro mandato es domar nuestra mente, trabajar con el alma y, sobre todo, con el cuerpo. La mayoría de la gente no sabe la importancia de una postura o la forma de respirar, y eso es lo que nos conecta con los planos celestiales, eso nos convierte en seres completos'.

"Era claro que al Maestro no le molestaba mi enorme curiosidad, así que siguió explicándome: 'Evolucionamos al cuidar nuestra mente y nuestro cuerpo, y durante ese crecimiento, nos vamos conectando con la vida como un ser humano común, pero existimos en otra vibración. Tal vez todo esto te parezca extraño o no te diga nada, así que te lo explicaré de forma más simple: toda persona que tenga una conciencia sana con su cuerpo se encuentra en otro mundo, en uno mejor, y siempre aspirará a estar en una evolución permanente'.

"'Eso no significa que no nos guste la vida, es que ya entendimos todo lo que había que entender mientras estuvimos en la Tierra, así que no tiene mucho sentido regresar, sería como repetir la escuela varias veces', me dijo entre risas.

"'Nosotros, los yoguis, no tenemos por qué estar experimentando con cosas que ya conocemos. No buscamos conquistar planos materiales, sino nuestro mundo interior, porque ésa es nuestra misión: tener la sabiduría de manejar nuestra mente, para que el cuerpo viva una experiencia saludable. El cuerpo es el único material que vale la pena cuidar'.

"'El ser humano siempre está esperando tener un cambio espiritual, sin saber que ese cambio comienza por el cuerpo', concluyó.

"Yo lo había escuchado con mucha atención y me decidí a hacerle otra pregunta, aunque me hizo dudar un poco que el Maestro pensara que se trataba de algo banal. '¿Maestro, es necesario haber sido vegetariano en la Tierra para estar en el Cielo más evolucionado? Porque dices que tú y yo somos iguales aquí. Yo creía que, con tu gran evolución espiritual, deberías tener más probabilidades de entrevistarte con Dios, pero veo que no es así, aquí no tienes privilegios', me atreví a decirle al final.

"Como había sido en vida, mi Maestro siguió enseñándome aquí, en el Cielo: 'Francesco, la evolución espiritual no se puede medir por la comida, tal como lo dices.

Hay gente mala que quiere a los animales y gente buena que come carne de vaca o cerdo. Hay de todo en la Tierra. Las personas evolucionan en diferentes sentidos: hay algunas que lo hacen a través de la inteligencia, el dinero, las relaciones de pareja o el amor, otros pueden crear un jardín hermoso, pero no saben ni abrir la puerta de su casa. No existe nadie totalmente evolucionado ni totalmente involucrado. El ser humano debería dejar de ponerse etiquetas, a veces dejarse en paz es una forma de crecer'.

"'En estos tiempos modernos, existen muchas personas que se preguntan si son buenas o malas, si son inteligentes o no, si han cumplido con su misión en la vida o no'.

"'Y ahora, en respuesta directa a tu pregunta sobre si un ser evolucionado come alimentos vivos, te digo que todos sabemos perfectamente que una planta también sufre, así que la única forma de cuidar el planeta es que se consuma lo justo y necesario, que no se malgasten ni maten animales de más, que no se contribuya a la contaminación. El planeta Tierra es un regalo para quienes lo habitan, pero no necesita a los humanos para nada'.

"Sus palabras me hicieron entrar en un estado de reflexión y seguí con mi interrogatorio conforme iba comprendiendo lo que me decía: 'Maestro, he oído que muchas veces se le pide al universo que nos traiga lo que queremos, y si la Tierra es parte del universo y no nos necesita, ¿cómo podemos pensar que nos dará algo? Creo que eso de la ley de la atracción debería ser recíproco, o tal vez tan sólo se trata de una historia de nuestra imaginación'.

"El Maestro me respondió: 'Mira, Francesco, al universo no le interesa poder acoplarse a tus pedidos mágicos, como si fuera Santa Claus. El universo es una masa negra y densa que contiene energía, tal como tú. Si cierras los ojos, no verás nada, pero hay algo ahí que hace que las energías se atraigan. Recuerda que lo semejante se atrae, y eso es la ley de la atracción. Tú mismo eres esa masa densa donde existe todo lo que deseas, sólo debes llamarlo a ti'.

Francesco terminó su relato emocionado y Camila se sintió feliz de lo que acababa de escuchar.

Al día siguiente, mientras Francesco estaba barriendo las hojas que el invierno había dejado en su jardín, llegó Camila para decirle que no podía esperar hasta las cinco de la tarde para verlo, que tenía que contarle algo que la tenía preocupada.

—Hace un momento iba caminando por donde venden los jugos de jengibre que tanto te gustan y vi a un ser que no era humano. Recogía fresas en el campo, era alto, con la cabeza alargada, y tenía algo parecido a unos cuernos. Me asusté tanto que empecé a correr, pero en poco tiempo el ser me alcanzó y me preguntó, con voz aguda, si quería platicar con él. Me quedé muda por un instante, pero luego comencé a correr otra vez y no paré hasta llegar aquí. Francesco, estoy muerta de miedo.

Francesco se puso serio, tragó saliva y confirmó las sospechas que tenía: la Tierra no era el único planeta con seres vivos, que había otros. Y quizá también había otros cielos, o tal vez esos seres estaban invadiendo el Cielo. Sin embargo, no quiso decirle nada a Camila en ese momento para no asustarla más. Sólo la tranquilizó y le pidió que esperara hasta las cinco para que se pudieran encontrar en las nubles. Ya entonces platicarían sobre ese tema.

Así, mientras llegaba la hora, Francesco pensó que debía ir a preguntarle a algún Maestro del Cielo si había visto a otro ser que no hubiera sido humano.

Camila, todavía un poco alterada, decidió no regresar por el mismo lugar, y se fue a buscar esencia de uvas, aunque se sentía muy angustiada de lo que había visto.

Aunque el ser no había intentado hacerle nada malo, ella no estaba segura de lo que podría haber pasado. No sabía si ese ser provenía de otro planeta o de algún submundo. Ella no recordaba haber vivido nada parecido antes.

Francesco, que también se había quedado preocupado, se fue a ver a su amigo Yanino, a quien encontró meditando, por lo que tuvo que esperar a que terminara. Pasaron unos minutos y Yanino abrió los ojos, lo saludó y lo invitó a su casa para compartir un jugo de jengibre con jade.

En cuanto se sentaron, el ángel le preguntó a Francesco por qué se veía preocupado, y él le explicó:

—Me encontré con Camila nuevamente y hemos tenido varias charlas. Queremos estar juntos, por todo lo que no pudimos disfrutar antes. Pero hoy llegó muy alterada a mi casa y me contó que había visto a un ser que no provenía de la Tierra. Yo recuerdo que en alguna otra vida pregunté sobre los seres interplanetarios, pero nadie me supo contestar y yo creo que tú tienes información sobre esos seres.

"Tengo entendido que tú estás relacionado con los sistemas planetarios, y si bien existen arcángeles con nombres que parecen ser de otro planeta, como Metathron y Melchizetek, ahora estamos hablando de alguien que no es un ángel.

Yanino le pidió a Francesco que se calmara y empezó a explicarle que había algunos arcángeles que no eran del planeta Tierra, pero que le gustaría saber qué era lo que le había llamado la atención a Camila: ¿el hecho de que tuvieran cuernos? ¿Tal vez ella asociaba lo malo con los cuernos?

—Mira, Francesco, te voy a decir algo muy importante: siempre han existido seres de otros niveles, de otros planetas, que no vienen al Cielo porque cada especie habita en el plano y cielo que le fue asignado.

Francesco le preguntó a Yanino:

—Entonces, ¿qué estaba haciendo ese ser aquí, tal vez paseando, observándonos?

Yanino le contestó:

—Tú, como espíritu, también puedes ir a otros planetas. Quizá tendrías que aprender a respirar otro aire, a estar en otro tipo de atmósfera, pero seguro podrías hacerlo.

"Sin embargo, tal vez en otro planeta también se asustarían al verte. Creo que todavía no estamos en un nivel que nos permita convivir los unos con los otros, pero eso tiene que ver más con las creencias que nos inculcaron, como si todo lo que no conocemos y no pertenece a la Tierra no fuera obra de Dios. Yo, en cambio, estoy seguro de que todo ha sido creado por Él.

"Este tema siempre se ha tratado en forma oculta y misteriosa, pero espero que llegue un momento en que todos los humanos puedan conocer la verdad y que los seres de todos los planetas puedan convivir en paz. Ahora, también debes saber que algunos de estos seres habitan en la Tierra bajo la forma de humanos, aunque en realidad no lo son.

—No lo puedo creer —exclamó Francesco—, yo soy católico y no me gusta escuchar lo que estás diciendo.

—Francesco, ¿tú crees que Dios sólo creó a los seres humanos? Más aún, ¿crees que hay un único dios en todas las galaxias? ¿Por qué habría un único Cielo o planeta habitado por seres vivos? ¿Para qué habría sido creado todo lo demás que hay en el universo? No creo que el resto de los planetas hayan sido creados tan sólo para que los observáramos desde lejos.

"Por supuesto que hay vida en otros lugares, ¿qué es lo que en verdad te preocupa? ¿Que el Cielo se vaya a llenar de estos seres? Si es así, no tienes ningún motivo para estar preocupado, porque ellos no tienen ningún interés por entrar. Tal vez pueda llegar alguno por curiosidad, pero jamás se quedaría en un lugar que no le corresponde. No podría sobrevivir. A ti nunca se te ocurriría ir a visitar algún lugar que no tenga que ver con tu historia o que no te interese, ¿verdad? Los humanos en la Tierra prefieren estar en un mismo círculo, con gente con la que se sienten cómodos. Y lo mismo sucede con todos los seres.

"Además, si alguno de estos seres te visitara, ¿cuál sería tu miedo? —le preguntó Yanino.

—No lo sé, me parece que nunca me ha gustado hablar de estos temas. Creo que siempre he tenido miedo, pero no estoy seguro de a qué o por qué.

—Creo que es momento en que abandones esos miedos, porque todos los espíritus aquí en el Cielo vivimos en paz. Sería bueno que también le aclares a Camila que se va a encontrar de todo en el Cielo, pero nunca será algo malo. Nadie va a venir aquí a hacerle daño. Dile lo que te he contado, debe saber que en la Tierra vive gente de otros planetas.

—Si yo hubiera venido de otro planeta, ¿cómo podría saberlo? —preguntó Francesco.

—Hay gente que no encaja en la Tierra. Por ejemplo, yo soy un ángel y tengo una forma diferente de vivir, pero cuando estamos en la vida, todos nos mezclamos.

Francesco se rio mientras pensaba en todas esas películas de alienígenas que había visto y le preguntó a Yanino si la realidad era parecida a eso.

El ángel le contestó con una sonrisa y le aconsejó que fuera a ver a Camila para tranquilizarla. Francesco se despidió y se alejó.

Cuando llegó al lugar donde solían encontrarse, saludó a Camila y ambos se subieron a una nube. Entonces, él empezó a decir:

—Camila, estuve investigando con mi amigo Yanino y me confirmó que sí existen seres que vienen de otros planetas. Si soy honesto, me dijo algo que me dejó un poco inquieto: me explicó que algunos de estos seres viven en la Tierra bajo la forma de humanos, y que pueden ser aquellos que sienten que no encajan en ningún lugar, o que les cuesta encontrar el amor o que tienen dificultades para comunicarse con sus parejas o sus hijos.

Camila se le quedó viendo y, de pronto, explotó en carcajadas, como nunca en su vida. Le dijo:

—¡Ahora entiendo! Así que todos los que se llevan mal con su familia vienen de otras galaxias, ja, ja, ja —no podía parar de reír—. No puedo creerlo. Tal vez también los que no han encontrado su alma gemela, o sea, el noventa por ciento de la población, tenga un origen no humano. Creo que debemos dejar este tema, es una pérdida de tiempo y nunca podremos saber quién es quién en éste o cualquier otro plano.

Siguieron caminando y Francesco le dijo a Camila que en algún momento debían ir a ver a Pandora.

—Pero ¿quién es Pandora y por qué tendríamos que ir a verla?

—Porque ella puede enseñarte acerca de la paciencia y cómo trabajar las expectativas, Camila.

"Pandora fue la primera mujer de la tierra y del agua, quien fue enviada a la Tierra con una vasija y la advertencia de que no debía abrirla en ninguna circunstancia. Sin embargo, un día, cumpliendo su destino, a Pandora le ganó la curiosidad y abrió la tapa de la vasija. Entonces, todos los males que estaban en su interior se diseminaron por la Tierra. Ella se asustó mucho y la volvió a cerrar rápidamente, pero no se dio cuenta de que había dejado encerrada a la esperanza dentro de la vasija.

"Y no se trataba de una esperanza cualquiera, sino de la esperanza certera, la que sólo se logra con la paciencia y el amor de la perseverancia.

"Te he hablado de esta mujer por lo que tú misma dijiste: que como ya me encontraste, ya no tendrías la necesidad de esperar, ni de tener paciencia. Y yo lo dudo, Camila, porque donde hay esperanza, hay espera. Y sin paciencia no se puede lograr nada.

Camila le dio la razón, convencida de sus palabras, y le regaló un beso en la mejilla.

Francesco, sonrojado, le devolvió el beso.

Retomando el tema de las enseñanzas del Maestro, Francesco añadió:

—El Maestro también me enseñó la fuerza de la palabra escrita: todo lo que se escribe se cumple, tal como el hombre de las cavernas, quien empezó a dibujar para mostrarle a su mujer que había salido a cazar un mamut. La fuerza de las imágenes es lo único que funciona para atraer a tu mente todo lo que quieres, por eso es importante que escribas todo y que vayas palomeando lo que se cumpla.

Camila interrumpió a Francesco para decirle que, cuando estaba en la India, la gente iba al ashram para entregar sus cartas, pero no siempre se cumplía lo que pedían, que él mismo le había dicho que el Maestro seleccionaba sólo algunas y que se preguntaba cómo sabía cuáles elegir.

Francesco le aclaró que el Maestro elegía las cartas con deseos posibles. Le explicó que hay una lógica para pedir cosas. Las personas no pueden volar si no es a través de una máquina, y tienen un periodo de vida limitado, pero muchas veces sus expectativas son demasiado altas y eso sólo les provoca ansiedad. Alguien podría pedir ganarse la lotería, sin nunca comprar un boleto, por ejemplo.

—Entonces, lo importante es escribir para pedir lo posible y hasta lo imposible, pero sin expectativas, con amor y con esa fe de la que hablamos antes, como la que Damián tuvo para sanar.

"El universo o algunos maestros espirituales pueden apurar los tiempos para adelantar lo que iba a ocurrir diez años después. Aunque yo estoy convencido de que el destino está marcado, porque mucha gente ha soñado con cosas que se han cumplido, también existe el libre albedrío, y éste puede cambiar lo que no te gusta. Ésa es la parte mágica de la vida: sabes que hay un destino, pero que en cualquier momento puedes tomar otro camino para corregir el rumbo de tu vida.

"Los seres humanos deben saber que pueden entrar al festejo de su vida, pero antes deben vibrar en una dimensión diferente, tener ilusiones. Al mismo tiempo, también deben tomar acciones, porque la ilusión sin acción queda en intención, y ésa es la razón de que muchas cosas no se cumplan, pero hay una fórmula mágica para eso.

—¿Y tú puedes dármela?

—Claro que sí, pero debes tomar nota, no necesariamente con tinta y papel, sino con la intención. La fórmula mágica radica en que cada cosa que pidas sea para un bien común, o sea, que ese deseo no puede ser egoísta. Todo depende de lo que deseas: si pides un auto tal vez sea porque es para ayudar a alguien más, y entonces el universo te lo va a dar. Pero los actos egoístas, los actos con carencias, los actos con miedo, los actos en los que las personas sólo están pensando en sí mismas, ésos no los otorga el universo. En realidad, se trata de una cadena de favores que el universo pone a tu disposición para que ayudes a otras personas.

Camila se quedó pensando y le dijo a Francesco que tenía razón, que todos los deseos que se cumplen siempre son para beneficio de muchas personas.

Camila consideró entonces que, con lo que estaba aprendiendo para practicar regresiones, podría visitar sus vidas anteriores de manera consciente y después podría contarle a Francesco sus experiencias. El propósito de esas regresiones era tener más recuerdos que la ayudaran a entender algunos de sus sentimientos.

Ambos sabían que después de morir todavía se podía aprender y crecer.

Procesos mágicos

Era una fresca mañana cuando Camila y Francesco paseaban sobre su nube. De pronto, Camila exclamó entre risas:

—Francesco, hoy acabo de recordar más detalles de la historia de Damián y te los quiero contar, son cosas que te van a poner la carne de gallina, aunque ya eres medio gallina, porque estás lleno de plumas.

—Sí, recuerdo muy bien la primera vez que me empezaron a salir plumas, me miré en el espejo y me dije eso mismo: "Parezco una gallina". Pero hablando en serio, siempre pensé que era una bendita transformación —dijo Francesco.

Camila también trató de recordar la primera vez que había tenido plumas y dijo que lo primero que vio fue el contorno de sus alas. Estaba encantada de convertirse en un ángel humano.

Los dos se miraron y se tocaron uno al otro sus alas. En ese momento, Francesco le preguntó:

—¿Te gusta el color que te designaron?

—Sí, siempre me gustó el rosado. ¿Y a ti, Francesco? ¿Te gusta el color celeste que te tocó?

—Así es, Camila. Cada persona tiene un color de acuerdo con cómo fue capaz de comunicarse en la Tierra. Creo que cuando fui el Maestro del Amor, aprendí a comunicarme como Dios manda.

Camila, que estaba particularmente ocurrente, lo cuestionó:

—¿Cómo será que Dios quiere comunicarse? A veces, los silencios son maravillosos, pero otras veces calan hasta los huesos, porque parece que significan que no somos nada el uno para el otro. ¿Cómo sería comunicarse como Dios manda? Me imagino que es con el amor, con la comprensión, con las ganas de sonreír y ser feliz, además de lograr comunicar lo que no nos gusta sin herir a nadie.

Francesco reflexionaba en las palabras de Camila y añadió que le parecía que era más fácil comunicar lo bueno que lo malo, aunque hasta en las buenas relaciones hay mensajes incómodos.

—A mí, por ejemplo, me costaba comunicar hasta las buenas noticias cuando estaba en la Tierra. Creo que era tan callado y tranquilo que, si no pegaba tres gritos o me enojaba, nadie se daba cuenta de mis desacuerdos, pero es un error que tengamos que acudir a la violencia para llegar a un buen acuerdo. Ser asertivo es todo un tema.

Camila coincidía en lo que acababa de decir Francesco: es importante la manera de comunicarse, porque un enojo podría tirar todo por la borda, todas las buenas acciones. A veces, había llegado a preguntarse si valían menos las acciones que las promesas, porque con los hechos se logran muchas cosas, pero con la boca llegamos a herir y derrumbamos todo lo bueno que hemos hecho. Incluso, de alguna manera creía que a los que mienten les iba mejor.

—¡No digas eso, Camila! —exclamó Francesco—. No le puede ir bien a la gente mentirosa, a esa gente se le puede caer su teatrito en cualquier momento.

Al ver que Francesco empezaba a alterarse, Camila decidió cambiar de tema y dijo:

—No quiero ensuciar este momento hablando de gente que no vale la pena. Quisiera hablarte de lo que recordé sobre la historia de Damián.

"Recuerdo que Damián había entrado a trabajar en un casino y no estaba contento, pero necesitaba ese dinero. Unos días antes, le habían hecho unos estudios clínicos para entregarle un certificado de salud y todo había resultado bien.

"Estaba en su primera semana de trabajo y hubo una ocasión en que se equivocó en darle el cambio a un señor en un juego: en lugar de entregarle 3,000 pesos, le dio 30,000, por lo que sus jefes lo llamaron y lo reprendieron. Le advirtieron que él tendría que reponer esa diferencia con su trabajo. Él se angustió muchísimo porque era el sostén de su familia y en ese momento no sólo no iba a llevar un solo peso a su casa, sino que quedaría endeudado por un largo tiempo.

"Pasaron unos días y, en una ocasión, al estar de visita en casa de su mejor amigo, empezó a tener dolores de cabeza y notó algunas manchas en su piel. Fue entonces que volvió a realizarse estudios y le diagnosticaron leucemia.

"Sin embargo, él siempre había tenido una gran fe, así que nunca dudó que se iba a curar. En sus peores momentos, era visitado por un ángel, quien le dio un regalo.

Entonces, Camila sacó un papel en blanco, lo miró fijamente y éste se empezó a llenar de letras. Cuando las letras terminaron de ordenarse, ella empezó a leer:

Pido permiso a mis entidades de lazos familiares para romper con cadenas invisibles y negativas.

Invoco al Dios que me ha creado en imagen y semejanza, con la certeza que esta fe sana todas las heridas.

Estoy absorto en la morada interna de mi alma.

Soy uno con mi yo interno.

Apegado y absorto en la Trinidad.

Me he zambullido en lo más profundo del canal de mi espina dorsal.

El sentir de mi cuerpo ha desaparecido.

Soy todo goce.

Venero mi cuerpo con mi poder divino y vibro en el amor pleno de Dios.

Rompo las cadenas del pasado para vivir un presente pleno en el amor y la armonía que me merezco.

Lo siento, perdóname, gracias, te amo.
Nam. Nam. Nam. So Ham. So Ham. So Ham.

Francesco cerró los ojos mientras escuchaba. Al abrirlos, le dijo que la plegaria era perfecta y que tal vez había sido Rafael quien se la había obsequiado.

Camila le recordó que ella sólo había percibido el aroma a azahares y una tenue luz dorada tras sus visitas, pero que estaba segura de que los milagros existen y que no debemos dejar de creer.

¿Despedida?

La historia de ellos dos encontrándose todos los días a las cinco de la tarde sobre una nube diferente, con paisajes grandiosos, sería interminable.

Ese día acababan de visitar el cielo de la diversidad, en el que se encontraron con espíritus que tienen diferentes formas de ver la sexualidad y conviven en armonía con todos.

Estuvieron también en el cielo de las pérdidas económicas, donde cada ser que se encuentra ahí reconoce que en la Tierra todo fue perfecto y que, en realidad, nunca perdió nada, porque lo material no tiene importancia aquí.

Por último, estuvieron recorriendo el cielo del perdón, donde todas las personas que han pedido perdón, tienen un maravilloso jardín con flores que renacen cada vez que alguien se arrepiente y ofrece disculpas en la Tierra, cada flor es un regalo que les ayuda a ascender a otros planos.

Al final, cuando se dirigían hacia sus casas de cristal, llegó un ángel mensajero para avisarle a Francesco que Dios deseaba hablar con él. Francesco y Camila se despidieron y él partió, acompañado del ángel.

Durante esa profunda charla, Dios lo felicitó y le comunicó que sería nombrado Maestro Ascendido, que era lo mejor que le podía pasar a un espíritu, pues ya no tendría la obligación de volver a nacer. Francesco contestó que se sentía infinitamente agradecido.

Sin embargo, al ir rumbo a su casa, pensó en la tristeza que esto le causaría a Camila y sintió un gran peso en su corazón, pues tenía la esperanza de que renacieran juntos, así que regresó con Dios y tocó de nuevo a la puerta dorada.

—Dios —exclamó Francesco—, estoy muy agradecido por el gran honor que me ha sido otorgado, pero quiero saber ¿qué ocurriría si quiero regresar a la Tierra?

—Puedes hacerlo, eres libre, pero tendrías que empezar de cero y renunciarás para siempre a ser un Maestro Ascendido.

—Señor, creo que hay más de ciento cuatro maestros ascendidos, no creo que sea un problema.

—Así es, creo que hay muchos más de los que dices, pero ahora dime, ¿qué es lo que piensas hacer?

—Señor, quiero estar con Camila, quiero regresar a la Tierra con ella. Tú sabes que las parejas llegan a destiempo, que es muy difícil que las almas gemelas se encuentren: algunas veces, una es de mayor edad que la otra o viven en lugares muy distantes.

—Tienes razón, no siempre es tan fácil, es un gran desafío, pero también es un gran desafío ser nombrado Maestro Ascendido, así que lo mejor es que vayas ahora con Camila y le preguntes si ella también desea lo mismo que tú —concluyó Dios.

Francesco salió corriendo para buscar a Camila en los lugares donde solían pasear, pero no lograba encontrarla, hasta que dio con ella en su casa de cristal.

—Camila, debemos hablar, quiero que regresemos juntos a la Tierra, pero quiero hacerlo ahora —le propuso precipitadamente.

—¿Por qué ahora? —preguntó ella.

—Porque es ahora o nunca.

—Algo me escondes, Francesco. No se vale tener secretos en el Cielo, sabes que lo averiguaré o iré a preguntarle a Cupido.

—Está bien, Camila, me acaban de nombrar Maestro Ascendido y si acepto ya no podré volver a nacer contigo.

—Francesco, me parece justo tu nombramiento, has hecho mucho para que esto sucediera. Has renunciado a tantas cosas en la vida para poder estar donde estás ahora, te lo mereces. No te preocupes, yo regresaré cuando tenga que regresar —dijo Camila con cara de tristeza.

—No, Camila, yo puedo renunciar a todo y quiero hacerlo, aunque sea solo una vida para disfrutar del amor que no pudimos tener antes.

Ambos siguieron insistiendo en sus intenciones por un largo rato, hasta que Francesco le propuso que pasaran esa noche romántica que se debían junto al fuego.

Disfrutaron de una botella de vino celestial, del mismo que Jesús dio a los hombres cuando estaba repartiendo los panes. Brindaron y dejaron que pasara lo que tenía que pasar.

Durante un sueño que compartieron los dos, se vieron juntos en la Tierra, amándose y besándose como nunca, bajo una luna inmensa, mientras se escuchaba el sonido lejano de tambores.

Un hermoso amanecer les dio la bienvenida y ambos coincidieron en que se debían una historia más.

El amor de otra vida

Francesco contempló a Camila con melancolía.

—Yo quisiera sanar esa herida que tienes —le dijo—. Siendo yo tu alma gemela, sientes que no he estado contigo al cien, como a ti te hubiera gustado o como te lo hubieras merecido.

—En realidad, hay partes de nuestra historia que no entiendo, sobre todo cuando tú me hablas del amor que sentías por mí. Porque según los recuerdos que me han llegado de la vida en que nos encontramos, creo que sólo nos vimos dos o tres veces, pero siento que hay mucho apego en ese amor y eso me parece extraño. Debe haber alguna razón para ese amor tan grande.

—¿Y sientes que me necesitabas tanto como alma gemela? ¿Quieres que practiquemos una regresión?

Camila, un poco avergonzada por toda esta carga emocional, al principio quiso decirle que no lo deseaba, que no era para tanto y que no había necesidad de una regresión, pero no habría sido verdad. Ella estaba segura de que una mentira como ésta se le notaría en la cara y consideró que debía ser clara y aceptar porque sí necesitaba saber los orígenes de este amor, quizá se trataba de apego.

—Llámale como sea, Francesco, pero necesito saber de dónde viene esto. Sí, hagamos la regresión.

—Está bien, Camila, si en un momento estás dispuesta, lo podemos hacer. Voy a tomar unos minutos para ir a buscar un vaso de jugo de jengibre, porque creo que esto podría llegar a dejarme mudo —le dijo Francesco con una mano en su hombro—. Espera, las cosas se presentan por algo y en el momento justo.

Camila se relajó al escucharlo, cerró los ojos y esperó a que regresara. Cuando estuvo con ella otra vez, le invitó de su jugo de jengibre con esencia de vainilla y canela. Luego, comenzaron.

—Vamos a la regresión. Empezaremos con la visualización que tú ya conoces. Respira profundo, imagina esos símbolos del infinito que te enseñé.

En unos minutos del Cielo, Camila ya estaba conectada.

—No veo nada —dijo—. Sólo puedo ver el momento en que te conocí. Pero percibo lo que sentí en esos instantes, algo que nunca olvidaré... Siento por ti algo inmenso.

—Camila, haz otro esfuerzo y dime qué más puedes ver.

—Veo uno o dos encuentros entre nosotros en una vida, nada más.

—¿Quieres decir que tú sentiste que yo era tu alma gemela y sólo viviste uno o dos encuentros? ¿Te parece que es normal que siguieras con tu vida cuando no pudimos estar juntos y que luego te casaras?

"Camila, el amor de un alma gemela se lleva justamente en el alma, pero también en el corazón. Cuando una persona lo extraña, se nota en su mirada. Y a ti se te notaba que extrañabas algo, tu mirada siempre era triste.

Ella se sintió avergonzada al saber que todos habían podido darse cuenta de su mirada triste y, sobre todo, que lo hubiera visto su esposo en esa vida. Él siempre la había querido tanto.

Francesco, sabiendo lo que Camila estaba pensando, añadió:

—Hay algo más. No es normal que después de haber visto a un hombre tres veces, hayas sentido que no podías sacarlo de tu alma.

—Tal vez no sea normal, pero así lo viví. No es algo que yo haya inventado.

—No estoy diciendo que lo hayas inventado. Lo que digo es que debemos investigar si no hay algo más aquí. Veamos, concéntrate: ¿qué viste? ¿Qué sentiste cuando me viste por primera vez?

—Sentí que podía ver tu alma en tu mirada. Sentí que quería estar dentro de ti.

—Pero no se puede estar dentro de alguien.

—Bueno, estar a tu lado. Pero en esa vida, tú elegiste la misión de ser el Maestro del Amor, mantenerte más conectado con lo espiritual, y muy poco con la vida en la Tierra.

—Pero ¿por qué me amaste tanto? A tal punto que cuando llegas al Cielo y me encuentras con mi antigua mujer, a quien yo había amado profundamente, me reclamas. Yo sabía quién eras tú, sabía que siempre has sido mi alma gemela y te amo de una manera diferente. Sin embargo, no puedes hacer ese reclamo. No puedes ir a pedirle a Dios, cada vez que regresas al Cielo, que te permita tener un divorcio espiritual.

—En serio, ¿te acuerdas de eso, Francesco?

—¡Claro que sí! Me llegaron rumores de que querías robar la vela de la fe porque te iba a ayudar a divorciarte. ¡Querías hacer un divorcio a mis espaldas! Pero no fue posible. Sé también que viniste conmigo a anunciar que querías hacerlo la vez anterior que estuvimos en el Cielo y, como yo sabía que eso te haría feliz, accedí.

"De acuerdo, ese divorcio no funcionó. Pero ¿te das cuenta de que eres la única persona en el Cielo que ha pedido un divorcio de su alma gemela?

—En ese momento, yo sentía que tú no ibas a cambiar nunca, que siempre ibas a ser el Maestro del Amor, el Maestro de la Salud... que siempre ibas a elegir un camino espiritual. Es como si quisieras a otra persona, quieres a Dios, quieres a tus historias... ¿Y a mí? ¿Cuándo me vas a querer a mí?

—Mira, Camila, puedo querer de diferentes maneras, como se quiere a los hijos o a las mascotas. Se quiere de una forma y de otra y de otra. Ahora, lo que debemos buscar es: ¿qué es lo que a ti te hace que me ames tanto?

Camila se dejó fluir, se dejó ir a otra vida y a otra y a otra, hasta que en una de ellas encontraron algo:

—Ésta es tu alma, Francesco. Tú tienes nueve años. Y ésta otra, de ocho años, soy yo. Eres mi vecino, vives al lado de mi casa, jugamos a ser maestros, alumnos, padres, compañeros.

—¿Te acuerdas cuando bailábamos? —preguntó Francesco.

—Es mi regresión, no voy a meterme en tu historia —Camila abrió los ojos, se miraron y sonrieron. Ella volvió a cerrar los ojos. Francesco hizo lo mismo.

—¿Lo ves, Camila? Hay algo ahí, sí, hay una historia: tú y yo éramos huérfanos. A mí me abandonó mi madre y a ti se te murieron tus padres. Los dos nos criamos juntos con los abuelos y nos enamoramos. A los once años, a ti te llevaron lejos de esa casa. Te fuiste a otra ciudad. Yo me quedé muy triste. Te esperé, porque sentía que eras el amor de mi vida, pero nunca más te volví a encontrar. En esa mirada tú viste todo lo que yo podía darte. Todo el amor que tenía para ti en una vida futura.

"Y ahora, ¿por qué tienes tanto amor? ¿Eso quiere decir que cuando las almas gemelas se encuentran es porque hay que trabajar cosas de vidas anteriores? Se trata de mucho más que de un amor de apegos. Es mucho más que una energía sexual. Hay algo más. Intentemos averiguarlo, respira profundo.

De pronto, Camila empezó a llorar. No podía creer que ese hombre que hoy amaba fuera el niño de esa historia, quien la había rescatado de la orfandad y la soledad.

Mi alma gemela

—La regresión me hizo ver la razón por la que tú y yo nos amamos una y otra vez en la vida. Y entendí, también, por qué no podíamos estar juntos cuando nos encontramos. Creo que no somos los únicos espíritus que tienen este tipo de historias, que no consiguen coincidir en una y otra vida.

—¿Por qué lo dices?

—Porque lo sé. La mayoría de los espíritus que entran aquí, además de buscar a sus seres queridos para saludarlos, se encuentran en busca de sus amores perdidos, de esas almas gemelas tan particulares.

"Sé que muchos cuentan que, en su eterna búsqueda, al no encontrar a su media naranja, se han sentido frustrados. Es injusto que alguien se enamore y, cuando encuentra a un amor, lo descarte porque el otro no es perfecto, porque en realidad quiere seguir buscando a su alma gemela. Una "gemelidad" es casi imposible de mantener, aunque no de encontrar, porque pienso que la mayoría de las personas saben que han encontrado a su alma gemela, pero resulta muy difícil conservarla a lo largo de los años.

"Ahora entiendo la razón por la que muchas veces estos amores quedan inconclusos: sobre todo, para que puedan trabajar en el desapego, porque saber cómo manejarlos es disfrutar de la sabiduría de la vida.

"Francesco, ¿tú sabías que los espíritus que nacerán en las próximas generaciones firmaron un nuevo contrato para sus próximas vidas, en referencia al amor?

—No, eso no lo sabía —contestó Francesco, intrigado—. ¿Es cierto?

—Sí, claro. ¿Cuándo te he mentido?

—¿Qué es lo que firman?

—Un contrato en el que declaran que no quieren estar atados a un alma gemela, que no quieren sentir esa desazón, no quieren sufrir. Ellos ya no quieren tener hijos, no quieren compromisos amorosos. No creen en el amor del apego, creen en el amor libre. Por eso, sea un alma gemela o no, la piensan disfrutar.

Francesco escuchaba con atención y curiosidad lo que le contaba su alma gemela y estaba a punto de dar su opinión sobre este nuevo contrato, pero en ese momento Camila le preguntó:

—Francesco, ¿te gustaría hacer una regresión para que puedas ver lo que yo vi ayer en la mía?

Francesco respondió que le encantaría, pero que no estaba seguro de que se pudiera ver justo lo que uno quería en una meditación inducida.

—Podemos intentarlo, hagámoslo ahora.

"Cierra los ojos, Francesco, yo también cerraré los míos y juntos iremos a aquella vida en la que fuimos almas gemelas...

—Pero siempre hemos sido almas gemelas —protestó Francesco.

—Sí, lo hemos sido siempre, pero ahora iremos al origen.

—¿Y cómo sabes cuál es ese origen?

Yohana García

—Porque en la meditación de ayer, una voz me lo dijo.

—Hagámoslo, me va a encantar ir a esa vida.

—Pues yo no estoy muy segura de que te vaya a gustar.

—Me tienes intrigado.

—Vamos, Francesco, cierra los ojos, respira profundo y visualiza esos ochos dorados.

Francesco cumplió paso a paso las indicaciones que le fue dando su amor, hasta que pegó un salto y exclamó:

—¡Ya veo, Camila, ya veo!

—¿Qué es lo que ves? —cuestionó ella, con curiosidad...

—Estoy en un jardín inmenso, parecen los jardines de Versalles.

—No estás en Versalles, pero estás cerca... es Francia, Loria, lugares de castillos y príncipes. Corre el año de 1880. ¿Qué haces ahí?

—Creo que soy el jardinero. Estoy trasplantando algunas plántulas. Llevo unos pantalones un poco aparatosos, me imagino que es la ropa típica de un jardinero en esa época. Siento que me encanta lo que hago, estoy feliz. Me encuentro en un castillo. Todo el jardín es un enorme cuadro verde, todo es colorido y dorado. En verdad, me siento feliz.

—¿Qué más ves?

—Veo a una muchacha sentada. Está acariciando a un pequeño pato que acaba de colocar en el estanque. Ella usa un gran vestido con mangas enormes, de hombros caídos hacia atrás y un drapeado en el pecho, que se va haciendo más amplio en la parte inferior. Está paseando por los jardines. Siento algo especial por ella, pero no se lo podré decir nunca porque somos de diferente estatus social. Ella es muy fina, sus movimientos son delicados.

—¿Quieres acercarte a ella para hablarle? Hazlo.

—Me estoy acercando, ella está un poco exaltada. Me gusta cómo luce su collar de perlas entre sus rizos dorados. Me dice que se llama Mery y es la hija de la dueña del castillo, su madre es una condesa.

—Pídele que te cuente más.

—Me cuenta que su madre no la quiere y que su padre nunca está. Ella dice que puede ver cosas, que tiene poderes extraños: puede ver el futuro de las personas y advertirles sobre dónde está el peligro. Además, tiene también poderes de sanación. Su madre no quiere exponerla a la comarca, prefiere encerrarla a que la persigan por su locura. Para ella, es un dolor de cabeza.

"Mery dice que su madre la ha recluido por días, que cada vez los encierros duran más tiempo. Ella teme que llegue un momento en que decida dejarla confinada de por vida.

—Concéntrate, Francesco, pregúntale qué papel tienes en su vida como jardinero.

—Yo soy su enamorado, su alma gemela. Siento un amor desconcertante por ella, la amo con todas mis fuerzas, tal como Romeo a Julieta. Pero temo que su madre la vuelva a encerrar, porque la tiene amenazada.

"Estoy pensando en robarle a su madre la llave de la celda donde la mantiene aprisionada. He visto que la esconde en el granero, debajo del heno, así que una tarde entraré a buscarla junto con mi amigo, el orfebre, para que él pueda hacernos una copia. Él roba llaves y cubiertos para hacer joyas, sabe muy bien cómo hacer una llave.

—¿Adónde irías con ella? No pueden estar cerca de sus padres...

—La llevaría en un barco como polizones, iríamos a

América. Mi amigo el orfebre dice que así suelen escaparse algunas personas. Podríamos viajar escondidos hasta llegar a nuestro destino.

—Cierra los ojos, Francesco, concéntrate más y dime qué está sucediendo.

—Todas las tardes, Mery sale a caminar por los jardines del castillo. La acompaña su nodriza, quien lleva una sombrilla para que el sol no dañe su piel. Ella es muy blanca. Cuando se queda sola, que son pocas las veces que sucede así, yo la miro, corto una rosa roja, le sonrío y, cuando me aseguro de que nadie más nos está viendo, me acerco para dársela.

"La primera vez que la vi, sentí que había visto mi alma en su mirada. ¿Sabes qué le pasó a ella cuando me vio por primera vez?

—Yo puedo ver que ella siente lo mismo que tú cuando la ves. Vi que soñaba contigo y, en verdad, sentía mariposas en el estómago.

—Cierra los ojos tú también, Camila, concéntrate y cuéntame más.

— Puedo ver cómo una mañana del mes de abril, después de cuarenta días de encierro, este jardinero, mi amor de todas las vidas, estaba abriendo la puerta de mi celda. Hacía un poco de frío, no mucho. Yo llevaba un abrigo que era un recuerdo de mi abuela paterna y una pañoleta blanca. Había querido mucho a mi abuela y sentía que algo que le había pertenecido a ella podría protegerme.

"Esa tarde, miré hacia la ventana de mi cuarto con nostalgia y mis ojos se llenaron de lágrimas cuando me despedí de los patos del estanque. Algo que sabía que iba a extrañar era el ruido que hacían cuando su madre los perseguía.

"Sé, en cambio, que no extrañaré a mi madre, porque ella sólo me regañaba. Extrañaré el calor de las manos de mi padre, y su voz cuando regresaba de sus viajes y me llamaba para darme los chocolates que había traído para mí.

Algo impulsó a Francesco en ese momento y empezó a hablar, interrumpiendo a Camila:

—Yo me llamo Antoine, soy el jardinero. Soy alto y delgado. Provengo de una familia honesta y trabajadora. Llevo cuatro años trabajando como jardinero aquí. Conozco a Mery desde los once años. Desde el primer día que la vi, sentí un amor especial por ella... Camila, ¿podrías decirme que siente ella por mí?

—Al principio, me sentía nerviosa al darme cuenta de que él me gustaba. Luego, sentí miedo y, al final, una inmensa alegría... porque también me percaté de que estaba creciendo para convertirme en mujer. Algo mágico sucedió en ese momento y pudimos empezar a dialogar directamente.

Mi amor por ti brotó de la admiración al observar la forma en que cuidabas las plantas.

"El día que me fui del castillo, tuve mucho miedo de dejar lo conocido, pero más miedo me producía tan sólo pensar en quedarme. Sin duda, me encontraba inmensamente agradecida contigo por salvarme.

—No fue fácil robarle a tu madre la llave del granero, porque el capataz que cuidaba el granero no me tenía confianza. Él suponía que yo robaba los huevos de las gallinas. Pero una tarde, se sintió mal y fue el momento perfecto para sacar la llave. Monté mi caballo y fui por mi amigo, el orfebre. Regresé lo más pronto que pude con la copia y la original para volver a ponerla en su lugar.

YOHANA GARCÍA

"También fue difícil volver a acercarme a ti para contarte mi plan. Y más difícil aún, convencerte de que era lo mejor para ti. Esa noche planeamos la fuga. Mi amigo nos ayudaría proporcionándonos dos caballos para que pudiéramos marcharnos. Su casa no estaba lejos, pero fue incómodo atravesar ciertos parajes para llegar allí. Pasamos tres días en su casa. Su esposa nos dio cobijo y nos protegió. A fin de cuentas, yo también era un pequeño muchacho de diecisiete años.

"Mi familia era inmensa y todos nos encontrábamos desperdigados por la zona, trabajando como capataces de los dueños de estancias. Ellos siempre estaban tan ocupados que consideré que mi ausencia ni siquiera les llamaría la atención.

"El trayecto desde la casa del orfebre hasta el puerto donde debíamos abordar el barco fue tedioso y nos tomó mucho tiempo. El orfebre, que tenía amigos en todos lados, consiguió que viajáramos en un barco de pescadores que iría de Francia a Italia. Este hombre tenía la misma edad de mi padre... en realidad, se trataba de mi padre, pero en ese momento yo no lo sabía.

"En el muelle, tuvimos que esperar al barco que nos llevaría hasta Italia. Una vez que llegamos allá, el plan era que viajáramos de polizones en un barco, el origen de lo que ahora llamamos cruceros, con la diferencia de que transportaban carga y pasajeros... había mucha putrefacción y ofrecían muy malas condiciones para sobrevivir.

—Concéntrate, Francesco, no te distraigas.

—Cuando pudimos subir al barco nos enteramos de que su destino en la América prometida era precisamente Argentina. No tuvimos tiempo de saber nada más, porque debíamos escondernos. Cada uno se escondió donde pudo en la bodega, así que corrimos el riesgo de que no pudiéramos volver a encontrarnos, pero resultó interesante estar ahí: podíamos abrir las maletas y robar las galletas que los turistas llevaban de recuerdo a algún pariente que se había animado a zarpar antes que ellos.

"Hubo días en que no supe nada de ti, hasta que te volví a encontrar en un rincón de la embarcación. Recuerdo que te convidé un trozo de pan que había encontrado en el piso, envuelto en un papel muy bonito. Tú estabas más delgada y pálida, pero imagino que yo mismo también lo estaba. No supe qué hacer al verte así. Me sentí culpable de haberte pedido que huyeras y hacerte pasar por esas condiciones infrahumanas. No sé cuánto tiempo pasamos a bordo, pero después me enteré de que los barcos tardaban alrededor de cuarenta días para llegar de Europa a América.

—Francesco, antes de que sigas, dime cómo se llamaba el orfebre, por favor.

—Se llamaba Francesco...

—¿Cómo tú?

—Sí, como yo.

—¡Qué casualidad!

—Recuerda que las casualidades no existen...

—Bueno, tú sigue adelante, Francesco, no te distraigas.

—De acuerdo. Cuando llegamos, tuvimos que escabullirnos de las personas que recogían las maletas. Además, había policías por todos lados, al acecho de los polizones, pero tuvimos suerte y pudimos llegar corriendo hasta la costa. Mi amigo, Francesco, nos había dado instrucciones sobre con quién debíamos acudir. Resultó que se trataba de un hombre joven, de nombre Yanino.

YOHANA GARCÍA

—¡Yanino, como nuestro ángel!

—Así es, Camila. Y bueno, Yanino nos recogió y nos llevó a su casa. La gente con la que vivía era pobre, humilde y de buen corazón. Él había llegado a Argentina como cinco años antes que nosotros. Se dedicaba a curtir el cuero y fabricar maletas. Su esposa, Elena, cocinaba muy rico y ya nos estaba esperando con una comida típica del lugar: puchero u olla podrida, así le decían ellos, un plato típico de Argentina. Estaba deliciosa.

"Elena tenía una hermana que vivía en un pueblo en el interior de Buenos Aires y quería que fuéramos ahí para trabajar, así que una semana después de estar con ellos, nos llevaron en auto a su casa. Parecían ricos. Nos asignaron una habitación pequeña cerca del granero. A nosotros nos encantaba besarnos y abrazarnos recostados en el heno. Aunque claro, era algo que hacíamos con vergüenza, pudor y culpa, además del miedo a ser descubiertos.

"No podíamos dormir juntos. Tú dormías en la habitación y yo en el granero. Pensamos que ahí viviríamos felices, pero los problemas se presentaron cuando empezaste a ver el futuro de los que estaban a tu alrededor y comenzaste a contárselo.

"No podíamos disimular la alegría que sentíamos cada vez que nos encontrábamos. Cada encuentro, cada mirada era magia pura. Pero habían pasado sólo unos meses y tú ya habías revolucionado el lugar.

"Yo ayudaba en todo lo que podía, pero no teníamos dinero porque sólo nos pagaban con comida. Y, aun así, éramos felices. A ti te iba mejor que a mí, además. El hecho de que pudieras visualizar el futuro los hacía ser más generosos.

—¿Y nuestro amor, Francesco? ¿Cómo vivíamos nuestro amor?

—No, no lo vivimos... —respondió Francesco con mucha tristeza—. Fueron sólo unos pocos besos y abrazos lo que pudimos disfrutar. Yo me había enfermado de los pulmones en el barco y morí pronto. Después de mi muerte, tú te convertiste en una gran sanadora. Creo que tapaste tu dolor con el dolor de la gente, ayudándolos a salir adelante con amor.

"A pesar de que no cobrabas nada por ayudar, como la prosperidad es la prosperidad, te hiciste una mujer abundante en todos los sentidos. Así es como tuviste que elegir siempre entre el amor y el dinero.

Al escuchar esto, Camila se puso a llorar y entendió perfectamente a lo que había tenido que renunciar en sus vidas pasadas.

—Despierta, Francesco, ya entendí. Cuando no se elige el amor, éste se va.

—Cuando no se elige el dinero, el dinero se va —añadió Francesco, pensativo—. No se puede tener ambas energías.

Camila respondió que no estaba de acuerdo. Sí era posible tener dinero y amor. Y por eso, en la próxima vida tendrían que intentarlo otra vez.

Los dos seguían compartiendo sus reflexiones cuando, de pronto, Camila se puso a dibujar.

—¿Qué estás haciendo? ¿Qué dibujas? —le preguntó Francesco.

—Estoy dibujando la cara de un hombre y la de una mujer. Me dijo Cupido que con este dibujo podemos atraer a nuestra alma gemela.

—Pero tú ya me tienes cerca, yo soy tu alma gemela

YOHANA GARCÍA

—exclamó Francesco, tomando a Camila entre sus brazos—. Y según Cupido, ¿qué debes hacer con ese dibujo?

—Él me dijo que se lo podía regalar a las nuevas generaciones que están por nacer.

—Pero ¿no me dijiste que las nuevas generaciones no querían tener un alma gemela? ¿Qué lo que querían era vivir el amor sin apegos ni expectativas?

—Sí, tienes razón, entonces lo guardaré bajo mi almohada. Cupido también me dijo que yo podía crear una oración para atraer a mi alma gemela y yo lo hice, la guardaré junto al dibujo. ¿Quieres que te la muestre?

—Sí, imagina que yo no soy tu alma gemela y léela en voz alta para mí.

Camila la leyó:

Querida alma, tú que todo lo sabes,
abraza a mi alma gemela esta noche,
susúrrale al oído mi nombre, la calle donde vivo,
el lugar donde trabajo y el sitio adonde suelo ir con
    mis amigas.

Déjate guiar por mi alma que todo lo sabe,
recuérdale a mi alma gemela que vinimos a encon-
    trarnos,
que los desencuentros no son parte de nuestra vida.
Abrázalo de mi parte y dile que no tenga miedo de
    encontrarme,
que somos fuertes para vivir el amor verdadero.
Dile que lo amo sin apegos, aunque no sea verdad.

Francesco la miró y dijo:

—Eso es lo que quisiste decir, que me vas a amar con apegos... y así no voy a querer ir, me va a dar miedo.

—Bueno, la verdad es que no la terminé y comencé a inventarla ahorita... ¿Las almas gemelas le tienen miedo al amor?

—Es posible —respondió Francesco—. El amor tiene luz y si se trata de dos personas con mucha luz, puede ser que sí provoque miedo. Cuando más luz hay, más bichos hay, ¿no es así?

—¡Pero nosotros no somos bichos!

—Lo sé, pero eso dice el dicho.

—Francesco, ¿tú cómo terminarías la oración?

—Yo la terminaría diciendo:

Te amaré con apegos, con miedo, con alegría
y con todo lo que salga de mi corazón,
porque el amor es riesgo y sin riesgo no hay vida.

Francesco miró a Camila y le guiñó un ojo con dulzura. Luego, la abrazó y le hizo cosquillas. ella correspondió con una sonrisa pícara.

YOHANA GARCÍA

Camila le compartió que se sentía preocupada de que pudieran darle primero el paso al túnel del Bosco y que eso los llevara a perderse de vista. No quería perderlo otra vez.

—Recuerda que lo que se quiere, se logra cuando se busca indefinidamente con fe —le dijo Francesco mirándola a los ojos—. Vamos a nacer, tómame de la mano y, si en el Bosco nos separamos, no olvides decirme adónde vas...

FIN

La meditación universal

El poder de la naturaleza

Camila estaba sentada en la banca de un hermoso jardín, al lado de Francesco, contemplando el verde paisaje y pensando que le gustaría saber más de las experiencias que Francesco había tenido con su Maestro espiritual en la India, así que volteó a mirarlo y le pidió que compartiera con ella esas enseñanzas.

—De acuerdo, te contaré algo sobre lo que él me enseñó. En realidad fueron muchas cosas: a sanar, a recitar mantras, a mandar mensajes energéticos a las personas. Algunas veces íbamos a meditar al Árbol de los Deseos, que era donde él había pasado mucho tiempo en su niñez. Era impresionante sentarse bajo su sombra. El árbol estaba lleno de las cartas que íbamos colgando en sus ramas, parecía un árbol de navidad con esferas.

"También recuerdo especialmente la primera meditación, me dijo algo así:

"'Cuando medites, trata de tener la mirada puesta en el presente, con los ojos fijos en un único lugar, eso es la meditación: tener la mente quieta, para que puedan fluir los mejores mensajes de la vida, sentir el aire, los sonidos, la paz'.

"'La meditación es ser consciente de ti mismo, de quién eres, de dónde te encuentras. No tiene que ver con sufrir por no saber quién fuiste o dónde estuviste en el pasado. Meditar no es sufrir por lo que no puedes hacer o tener, porque cada momento que disfrutes en el presente hará maravillas en tu futuro.'

"También me decía que, si volviera a nacer, no sería para seguir disfrutando las maravillas de la vida, sino para poder dar lo mejor a las personas. Afirmaba que ésa era la clave para construir un mejor planeta.

—¿Y eso es lo que único que recuerdas? —preguntó Camila.

—Bueno, ya pasaron muchos años, pero tengo muy presente una forma de meditación que me enseñó, ¿quieres que te muestre cómo es?

—¡Sí, me encantaría! —exclamó Camila—. Dime qué tengo que hacer.

—Muy bien, Camila, cierra los ojos y siéntate con la espalda recta. Es importante que tu columna vertebral, donde reside la energía vital kundalini, tenga conexión con la Tierra. Ahora, inhala y exhala, inhala y exhala, hazlo treinta y tres veces. Cuando inhales, imagina una luz que entra a tu cuerpo. Cuando exhales, visualiza las energías negativas que van saliendo con tu respiración. Inhala y exhala.

"Por cierto, Camila, ¿sabías que los humanos fueron los primeros seres en estar erguidos y en tener comunicación a través del cuerpo? Perdón, ya me estoy desviando del tema otra vez, volvamos a la meditación. Ahora, mantén los ojos cerrados y dime qué ves.

—Nada, Francesco —contestó Camila.

—Ya estás conectada con la oscuridad absoluta, ahora concéntrate y dime qué sientes.

—Siento la brisa del cielo, cálida, y percibo un olor a jazmines. Siento, sobre todo, una gran paz.

—Ahora exhala y deja que esa oscuridad te conecte

con el universo, intenta comunicarte con él, dile que tú existes, dile a esa inmensidad que eres un ser que está intentando vivir su vida de una manera amorosa y armónica, e intenta atraer hacia ti todo lo que deseas.

—Muy bien, te deseo a ti, así que voy a pedir que en la próxima vida tú y yo estemos juntos, pero también que sepamos disfrutar el presente. Y pediré también que seamos la mejor pareja ahora y siempre.

—De acuerdo, ahora convéncete de que puedes tener todo eso, atráelo hacia ti, abre los ojos y visualízate.

—Tienes razón, con este amor podemos hacer algo maravilloso y ser mejores personas en este mismo momento. No tenemos necesidad de esperar —exclamó Camila.

Francesco contempló a Camila y le dijo que algo había cambiado, ella se veía diferente.

—Sí, estoy feliz porque no tengo que esperarte en otra vida. No entiendo cómo pude haber sido tan necia de querer esperar a estar en la Tierra para estar juntos, cuando aquí estamos juntos y esto es lo máximo.

—Así es, Camila, las expectativas siempre nos matan, pero es imposible vivir sin ellas.

"Ahora voy a enseñarte otra meditación que te va encantar. Ésta es para que puedas conectar con tu guía interior, con tu maestro interior. Todos tenemos un maestro, un guía; nuestra voz interior, nuestra alma, nuestro espíritu, algo habla por nosotros, y la mejor manera de comunicarte con él es conectando con lo mejor de ti.

"Cierra los ojos, respira profundamente, suelta, hazlo varias veces. Ahora imagina que vas caminando por un bosque. Puedes percibir el aroma de los pinos, sentir los rayos del sol cayendo sobre ti, la brisa, el ruido de las hojas, es otoño. Al avanzar ve soltando todas las preocupaciones, todo lo que ya no te interesa.

"Todo eso cae detrás de ti, como si fueran monedas de poco valor. Lo que ya pasó y te hizo daño es de poco valor, lo que ahora te hace daño es de poco valor, también en el futuro será de poco valor. Suelta lo que no te sirve, sigue el sendero lleno de flores. Empieza a sentir el ritmo de los tambores que te conectan con la vida, con todo lo que quieras, con el corazón.

"Frente a ti hay un guía; es un guía interior, aunque ahora se muestra exteriormente. Te lo puedes imaginar como quieras. Te está esperando con un regalo, es un paquete hermoso con un moño.

"Ese regalo te lo está dando para que te lo lleves y regreses por ese mismo camino, pensando que estás cargando con algo inmensamente maravilloso para tu ser. Al avanzar encuentras monedas doradas, que significan todas las virtudes que vas obteniendo en el día a día, para mejorar tu vida, para ser una mejor persona. Sigue caminando y toma las monedas.

"Cuando llegues al final del sendero, abre el regalo. Es un regalo de vida que te dio tu guía. Ahora respira profundo, suelta el aire, abre los ojos y comparte conmigo lo que te regalaron.

—Me dieron muchas cosas maravillosas, entre las cuales estaba un diamante de fe, que estaba necesitando en estos momentos.

—Todos los días te puedes conectar con ese maestro interior sin problemas, para eso es la meditación.

—¡Qué meditaciones tan bellas, Francesco! ¿Hay algo más que me puedas enseñar?

—No sólo aprendí meditaciones, sería eterno el tiempo que necesitaría para contarte todo lo que aprendí, pero una de las cosas que recuerdo es que el Maestro me enseñó a manejar las fuerzas de la geometría sagrada, la cual tiene que ver con el uso y la fuerza de las formas y patrones en la naturaleza.

—Explícame cómo funciona —pidió Camila.

—Por ejemplo todo lo que está dentro de una espiral, tiene una fuerza centrífuga que hace que todo fluya, y los triángulos, que simbolizan la armonía y el equilibrio, detienen lo que no deseas. La energía en estas figuras han servido a la humanidad tanto para hacer el bien y el mal.

—Entonces, ¿puede ser cualquier triángulo o símbolo que termine en espiral?

—No, no puede ser cualquiera.

—Mira —dijo Francesco, y sacó de la manga de su túnica, un triángulo con unos raros símbolos—. Éste es el triángulo de protección que detiene lo malo, lo que no quieres que suceda o lo que no quieres repetir. También puedes especificar una intención.

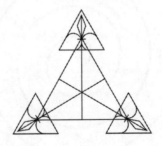

—¿Cómo se usa?

—Detrás de este símbolo, colocas lo que ya no quieres, lo escribes con tinta roja.

—¿Puedo escribir que ya no quiero volver a perderte?

Francesco sonrió, ella le pidió que no lo hiciera e insistió:

—¿Sí puedo?

—Claro que puedes, aunque ya sabes que nunca más volveremos a perdernos.

—Bueno, pero la magia nunca está de más.

—No es magia, sino sabiduría cuántica.

—Pues, como sea que se llame, sí funciona, me parece genial.

Después, Francesco sacó una hoja con un dibujo y dijo:

—Éste es el círculo, y se trataba de uno en forma de espiral, con determinada cantidad de vueltas.

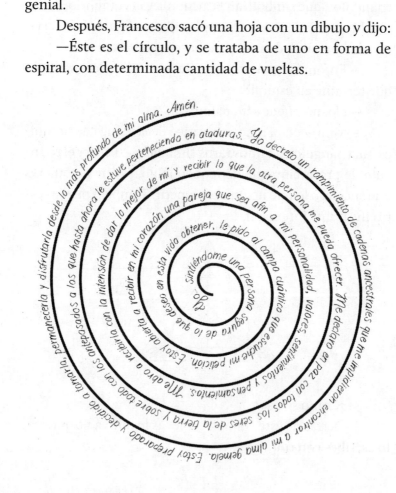

Yohana García

Camila lo miró y le preguntó:

—¿Y qué puedo hacer con él?

—Alrededor de cada círculo escribes lo que quieres lograr y luego lo colocas en un lugar visible, para que siempre puedas verlo.

—Y cuando se cumpla la intención ¿qué debo hacer?

—Lo guardas como recuerdo, y haces uno nuevo sobre lo que quieras lograr.

—¿Y con el dibujo del triángulo, que podría hacer?

—Cuando sientas que ya se logró lo que pediste que se detuviera, quemas la hoja en una vela morada, como agradecimiento.

—¡Ay, mi querido Francesco, es increíble todo lo que sabes de este mundo mágico.

—Camila, no es que sepa tanto, pero me encanta compartir todo lo que he aprendido.

Los dos se miraron y se besaron por largo tiempo.

De pronto, llegó el ángel Cupido a interrumpirlos.

—Hola, *Cupido* —dijo Camila y al mismo tiempo, también Francesco lo saludó pero dirigiéndose a él como *Eros*.

—Pónganse de acuerdo en cómo me llaman, porque me van a confundir —los dos se rieron.

En ese momento, al ángel se le cayó un papiro con un mandala y Francesco se agachó para levantarlo.

—¿Puedo verlo?

—Claro, míralo.

—¡Qué belleza, es un mandala!

Camila, quien ya estaba enganchada con la magia cuántica, que Francesco le estaba enseñando, preguntó:

—¿Es para algún ritual?

—Mmmm... no sé si sea correcto llamarle ritual, pero todas las noches elijo a dos personas que quiero flechar y, para no olvidarme de su nombre, lo escribo en este mandala, que es la fiel muestra de lo que es un campo cuántico, una masa que es capaz de atraer lo que se quiera.

—¿Me lo regalas?

—Por supuesto, tengo millones más.

—¿Puedo poner el nombre de Francesco y el mío?

Francesco se echó a reír, ella volteó a mirarlo y le dijo:

—Ahora sí, no te me escapas.

Yo _____ decido, consciente e inconscientemente, dejar mi soledad para encontrar mi alma gemela, porque así lo merezco. Por estos veintiún motivos es que me he ganado el buen amor.

1. _____
2. _____
3. _____
4. _____
5. _____
6. _____
7. _____
8. _____
9. _____
10. _____
11. _____
12. _____
13. _____
14. _____
15. _____
16. _____
17. _____
18. _____
19. _____
20. _____
21. _____

Hoy, _____ del mes _____ del año _____.

Este libro nos regala las claves para vivir en paz y entender los planos sutiles en que se manifiesta el amor y el desamor.

Nos enseña a buscar con alegría la pareja que todo ser humano merece tener a su lado.

Agradecimientos

Con todo mi cariño, honro con gratitud al equipo de Océano.

Busqué una palabra que pudiera transmitir todo lo que quiero decir y entendí que la palabra *honrar* encierra mi gratitud completa.

Esto va para mi Editorial Océano que, al cobijarme y acompañarme en este crecimiento como escritora y persona, me ha enseñado paso a paso cómo se edita un libro.

A mi editor, Rogelio Villarreal Cueva. No sé cómo lo ha logrado, pero siempre espera un Francesco más y Dios le concede el deseo. Él lo ha retribuido con una colección de libros hermosamente cuidados.

Cada vez que escribo un libro de Francesco, creo que es el último. Sin embargo, Rogelio, mi editor, sabe que Francesco tiene algo más que decir y su confianza saca lo mejor de mí y de Francesco.

Éste es el sexto libro y no puedo decir si es el último. Tal vez sí, pero no puedo asegurarlo en este momento. Lo que sí sé es que en este libro Francesco se abrió para comunicar todo lo que sabe sobre la vida en el Cielo.

Quizás aún falta que nos diga más cosas que nos ayuden a seguir viviendo en este mundo que está cambiando tanto, por todo lo que vivimos en el día a día.

Honro y agradezco la labor que hace mi querida editora y amiga Guadalupe Ordaz, por su cariño y sensibilidad para encontrarle el sentido y el propósito a las palabras de Francesco.

Mil gracias también a todo el equipo de Océano: a Lázaro y a Connie, por buscar siempre que Francesco se luzca sin importar dónde esté, y que pueda llegar a las manos de la mayor cantidad posible de lectores.

A mi querida Rosie Martínez, por hacer que Francesco esté en los medios.

A mi querida Guadalupe Reyes, por estar siempre apoyándome con el orden de Francesco.

Dejo al final un agradecimiento especial, que es como la cereza del pastel: a mi querido Mariano Osorio.

Mariano le ha dado vida a Francesco en las narraciones. Francesco lo ha elegido y lo seguirá haciendo para ayudar a la gente a través de su programa de radio, *Hoy con Mariano*, emitido a través de Stereo Joya, de Grupo Radio Centro, que se transmite en vivo en el 93.7 de FM.

Todas las mañanas y todas las tardes, Mariano hizo que la gente abriera un paréntesis en su vida cotidiana para escuchar las narraciones en la piel de Francesco.

Mariano, quiero decirte que tú has sido un ángel para mí. Has logrado que mucha gente conozca a Francesco. Sin duda, tú y yo, en otra vida, nos hemos conocido. Creo que en nuestro recorrido por el planeta Tierra hemos conseguido mejorar nuestro karma y el de algunas de las personas que están a nuestro alrededor.

Sé que en algunos lugares la gente se ha acercado a ti para agradecerte que hayas narrado los libros de Francesco, así como a mí me han dicho que el escuchar a Francesco a través de tu voz los hace viajar al Cielo, que algunos han experimentado sanaciones.

YOHANA GARCÍA

Gracias, Mariano, de parte mía y de Francesco, por darle vida a esta historia verdadera.

Gracias a mis amores de pareja, a todos con los que he compartido momentos a lo largo de mi vida. Aunque no diré nombres, quiero agradecerles por haber sido mis grandes maestros de vida.

Al final, como dicen en mi tierra: *gracias totales* a todas las experiencias que me enseñaron a ser quien soy hoy.

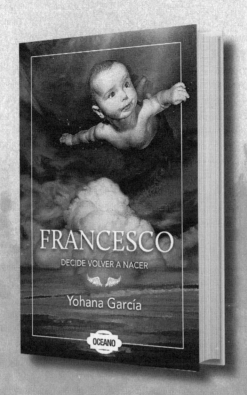

FRANCESCO

DECIDE VOLVER A NACER

Yohana García

OCEANO

FRANCESCO

UNA VIDA ENTRE
EL CIELO Y LA TIERRA

Yohana García

OCEANO

FRANCESCO
EL MAESTRO DEL AMOR

Yohana García

OCEANO

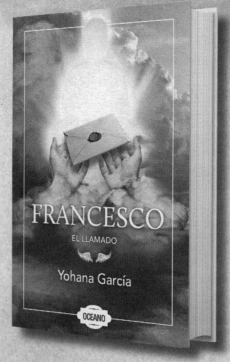

FRANCESCO
EL LLAMADO

Yohana García

OCEANO

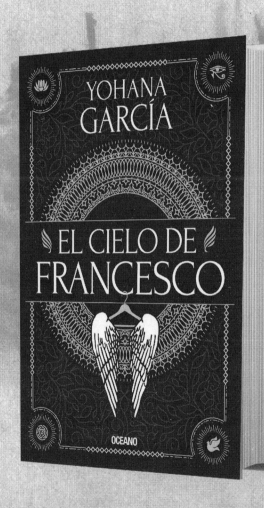

Esta obra se imprimió y encuadernó
en el mes de septiembre de 2022,
en los talleres de Impregráfica Digital, S.A. de C.V.,
Av. Coyoacán 100-D, Col. Del Valle Norte,
C.P. 03103, Benito Juárez, Ciudad de México.